AQUARIUS

AQUARIUS

AQUARIUS

AQUARIUS

Vision

一些人物，
一些視野，
一些觀點，
與一個全新的遠景！

每一次職涯瓶頸都是轉機

資深生涯諮詢師帶你跳脫外在困局，
清除自我苛責，重寫人生劇本

趙昂（資深生涯諮詢師及督導）

推薦序／
改寫職涯發展，突破職場糾結

文◎鄭俊德（閱讀人社群主編）

　　因著閱讀人課程授課機會，我能夠接觸的學員滿多是職場上班族。

　　課程中，總會被問到是否該轉換跑道、中年轉職的選擇、職場人際等課題。

　　通常會有兩種答案的選擇，一種是留下，一種是離開。詢問的學員，多半內心都有屬於自己知道的答案：留下，意味著接受現況或是面對、解決；離開，則是要跳離舒適圈，重新開始。

　　阿里巴巴集團創辦人馬雲也曾說過，一個人決定離職不出兩個原因：「錢，沒給到位；心，委屈了」。除非是有更大的夢想與目標，否則多數人的離職都是充滿糾結與矛盾的。

　　當然，要解開這個矛盾，需要專業的知識或專家給予幫助。《每一次職涯瓶頸都是轉機──資深生涯諮詢師帶你跳脫外在困局，清除自我苛責，重寫人生劇本》的作者趙昂老師，本身是資深生涯諮詢師，及生涯諮詢師培訓、督導，有著豐富的生涯諮詢經驗。他的這本書就是把職涯糾結的各種問題集結，並分享他的獨到解方。

人的一生，職場上班時間長達四十年以上，未來超過五十年也非常有可能，如果我們無法學會職場的應對智慧，只會把自己困在難熬的折磨裡，度過不開心的時日。

這本書提供你職涯發展的解方，我自己也從中收穫以下四個重點：

一、拉高職涯角度

我們在小時候都會有自己害怕的主題科目，有的人恐懼數學、有的人討厭英文，更有不少人在體育課時總躲在樹下乘涼。這些難題如同洪水猛獸，還沒挑戰，內心就先行投降。

長大的我們再回顧求學時期，反而甚是懷念，甚至覺得能重返校園是幸福的，過去甚難的學科、不懂的問題，也漸漸有了解答的方法。

職場也是一樣。你現在面對的專案簡報、人際應對、期限壓力等，都如同我們過去害怕的學科，但如果拉高職涯角度，用五年、十年、二十年的目標來規劃，就會發現，此刻的問題就能縮小，所有的難題、關卡在突破後，就會變成寶貴經驗。

書中更提供對應的小工具，詢問我們的內心、列出職業探索清單、記錄成就日記等，都能大大增進我們對於未來的期盼與此時的信心。

二、挖掘內在資源

轉換跑道時，總會自我懷疑自身的專業是否有價值。要立即跳出習慣的工作舒適圈是非常不容易的，我們總會考慮再三。

「挖掘內在資源」提及，當我們面臨自我懷疑的聲音時，我們該做的事情是停下腳步、蒐集資訊、持續探索。

書中提供的對應工具分享了突破職涯發展困局的方法，對我而言，也非常受用。方法就是找到一位典範成為自己的目標，透過模仿、請教、進修都會是很好的指引方向。

我自己生命中學習的典範就是嚴長壽先生，在商業取得成功的成績，在公益推動上也獲得很多人的敬重與支持。因此，我透過嚴先生的書與演講，學習他的思想與為人，作為典範。

三、解鎖心智模式

這個章節提到一段故事，我想這也是很多人曾經歷過的：非常認真地對一個事項負責，但也因為太過重視，反而讓自己陷入情緒焦慮中，寢食難安，後來讓原本應該表現良好的狀況，出現紕漏。反之，有些人面對難題，處之泰然，卻能關關難過，關關過。

這裡分享了一個心理用語叫「目標顫抖」，指的就是太過於專注目標，反而做得不好，原因就是焦慮、懷疑、想太多，因此影響了原來該有的表現。

作者分享了一個有趣的實驗做法，就是當面對新的專案時，把自己內心的焦慮列出清單或是設計成紙條，放進焦慮箱中，接著，每天針對其中幾條去處理，不能處理的就請教或是拜託別人，進而會發現多數問題都不會是問題。

所以，把問題放在大腦中攪擾自己，就會變成焦慮，但是寫在紙上就會成為解決辦法。

四、重寫人生劇本

人生如同大型的遊樂場，旋轉木馬玩膩了，也可以去挑戰海盜船；這個樂園熟悉了，更可以換到下一個奇幻城堡去探險。

工作職場也是一樣，不需要用忠誠度這個老舊的觀念禁錮發展的自由。遇到與價值觀牴觸、甚至違反法律等議題，更應該要趕緊跳船逃命，別為了少少的薪資，承擔難以抹滅的代價。

知名的破壞式創新理論學者克里斯汀生曾寫過一本書《你要如何衡量你的人生？──哈佛商學院最重要的一堂課》，提出了在職場上需要深刻思索的三個問題：

· 如何才能樂在工作？

· 如何才能擁有圓滿的人生？

· 做選擇時，如何秉持誠正的原則？

他提及我們一生會選擇很多條道路，但是最糟糕的那一條就是選擇犯罪，失去誠信，因為信任是最昂貴的，需要用時間與責任來累積。

所以，別輕易出賣自己的人生。透過人生的改寫，你可以重新做正直且正確的選擇，讓自己能夠對得起自己，也透過信用為自己創造更多合作機會。

這本書是升級自我認知的開始。儘管每個人的家世背景與起跑點都不同，但是知識將幫助我們有機會贏在轉捩點。

未來，我們依舊會遇到不同的難關，但懂得活用知識就能見風轉舵，遠離暴風。

願你能在這本書中，為自己的職涯發展找到轉機與商機。

每一次職涯瓶頸都是轉機

　　三十三歲那年，我的人生轉了一個大彎──裸辭了一份還不錯的管理工作，準備做一個前途未卜的生涯諮詢師。

　　已經記不清那是第幾次換跑道了。當年，大學念資訊的我，畢業後做了令別人羨慕的大學教師。三年後，因為無法安放自己的熱情，辭職了。這一次辭職，是我將近十年職涯探索之路中的第一次。之後，我做過通訊工程師，做過雅思（IELTS）教師，做過智慧財產權審查員，做過辦理出國專案的事務官，做過雜誌社編輯、記者。為了謀生，還做過家教、電話行銷，賣過保險。為了開拓視野，我進修了英語、讀法律碩士、到大學旁聽。為了能讓探索的過程持續得久一些，寒冬臘月，我住在「鴿子籠」裡，白天工作，晚上兼職，在一個城市裡奔波，經常顧不得吃晚飯。

　　進入職場的前十年，我像一個迷路的孩子，沿街乞討，一路打聽，有點消息就趕過去，到了那裡發現不對，再重新出發。打聽什麼呢？我也不知道，只是逢人就問：「哪裡才有讓人熱愛的工作？」後來做了諮詢師，我才知道很多人和我一樣，深陷迷惘。

　　直到二〇一〇年，我找到了「熱愛的工作」──生涯諮詢師。

　　本來心懷熱情，可是一開始，我就碰壁了。這是一份「我愛她，她不愛我」的職業。從商業角度看，這個領域一直處於萌芽階段，市場不成熟，可以滿足需求的產品有限，個人的從業機會就少得可憐。更何況，一個不斷轉行、沒有在特定領域持續累積的人，在那幾年，是會被很多人拒絕的──除了一個資深HR（人資）。

　　這位HR是我在一門生涯諮詢師的培訓課上認識的。培訓中，我和她進行了一次兩人小組的諮詢方法練習。練習結束後，她很認真地對我說：「剛才我並沒有站在諮詢的角度做練習，我其實是從面試的角度來和你溝通的，甚至是在挑戰你。現在，我知道，你一定會在這一行裡一直做下去的。」就是這句話，讓我有了更多的信心。

　　她告訴我，看好我的，是我那份對於這個職業發自內心的熱愛。後來在做了大量諮詢之後，我也發現，一個人內在的熱愛激發出的能量比任何現成的資源都重要。

　　讓我更加篤定的，還有一次提問。

　　當我因為找不到從業機會而困頓的時候，有一次去請教一位諮詢領域的前輩。我問她：「您覺得，我適合做這行嗎？」

　　她沒有回答，反倒問了我一個問題：「你為此做了些什麼？」

　　瞬間，我的眼前就浮現出我所做的種種努力：參加培訓，閱讀大量專業書籍，持續地練習，不斷地請教。

　　她看著我，什麼都沒說。我想，我有答案了：我為自己的熱愛已經全力以赴，我只需要繼續做下去，而不需要在意別人的想法與評價。如果沒有機會，那就創造一個。

感恩這些貴人，在我的人生轉角，他們的鼓勵和提問，照亮了我前方的路。

從此以後，我這麼一個停不下來的人，一頭探進生涯諮詢領域，已經十幾年了。這些年，我一個案例、一個案例地做下來，累積了超過三千小時的收費諮詢時長，超過一百萬字的諮詢紀錄。雖然辛苦，但我認為這是一個生涯助人者成長的必經之路。

在一次次正式的收費諮詢中，我可以面對一個個真實的人，瞭解他們的情況，幫助他們或是走出人生的泥沼，或是找到心有所屬的路徑，或是尋覓可以歇腳的驛站。

來找我諮詢的人，有穿著得體的企業高階主管，也有學識淵博的學者、專家；有蓬頭垢面的頹廢藝術家，也有鬥志滿滿的超市搬運工；有在陌生城市打拚的年輕漂泊者，也有身處重重危機的中年人。他們每個人都有自己的故事，在這些故事裡，我和他們一起尋找化解危機的鑰匙，探尋擺脫職場困局的路徑。陪伴他們成長和發展，正是我要修練的功課。

在這些諮詢中，我經常會去思考這樣的問題：是什麼原因，讓一個有著豐富職場經驗的人困在機會裡？是什麼原因，讓一個能力超強的人陷入迷惘？是什麼原因，讓一個年富力強的人找不到自己的熱愛？又是什麼原因，讓一個前途光明的職場中堅自怨自艾？

這些問題，既是一把把鎖，鎖住了他們的職業生涯，同時，也是一面面人生指示牌，為處於人生轉角的人，指引著方向。只是，人們總是讀不出這塊指示牌上的線索。

我所做的事情，就是幫助人們破譯這塊人生轉角處的指示牌。

或許，這塊指示牌上寫著生涯發展的規律，調整一下節奏就能適應；或許，這塊指示牌上寫著破解關係難題的三條路徑，碰巧最簡單的那一條，最不易被察覺；或許，這塊指示牌上寫著自我限制的五種模式，有一種模式正是打開那把鎖的鑰匙；或許……

每一段諮詢的過程，都是我和每位來訪者一起解讀指示牌的過程。諮詢中，我是一個觀察者，是一個傾聽者，是一個覺察者，是一個提醒者，是一個呈現者。我幫助這些人拿到自己的答案，然後離開。

我知道，很多人需要我這樣的「人生指示牌」破譯者。於是，我就開始培訓諮詢師。培訓了一千多名諮詢師之後，我又發現，如果能把這些諮詢中的案例進行總結，提煉出一些規律，那就是一本破譯指示牌底層規律的「密碼本」了。

如果再把這些底層規律推展成故事呢？這本密碼本的可讀性就會變強，讀懂的人就會更多。這就是你面前的這本書。

讀者喜歡這本書，是因為這本書裡的故事有我們每個人的影子。我喜歡這本書，是因為這本書傳遞著我的一個期待：希望每個人在自己的人生轉角，都能找到下一步的指示牌。我更希望每個人都能和我一樣，回頭看，一路走來的每處人生轉角都是值得珍視的禮物。

感恩在人生轉角我遇到的每一個人，感恩在人生轉角遇到我的每一個人。

人生轉角，和你相遇。

趙昂

2022年4月

目錄

1. 探尋關鍵路徑，化解棘手危機

　　身為職場新人，你只是剛剛起步，需要一個階段去提升能力，適應新階段，調整好新角色。

　　擺脫困擾的方式，不是和它糾纏在一起，而是重新檢視自己的方向，迅速調整，盡快離開。

2. 挖掘內在資源，突破生涯困局

3. 解鎖心智模式，打開更多可能

4. 重寫人生劇本，活出從容姿態

支持自己，你就徹底失敗了。

5. 提升自我認知，遇見更好的自己

1 探尋關鍵路徑，化解棘手危機

每一種危機，都有很多種解決策略，不要陷入問題本身，而是跳出來，看到更多的可能。

職場跳跳魚的突圍

> 身為職場新人，你只是剛剛起步，
> 需要一個階段去提升能力，適應新階段，調整好新角色。

　　故事的主角名叫艾莉，一個二十五歲女孩，工作了兩年，換過三份工作。助理跟我說案例的時候，感慨道：「現在的孩子越來越定不下來啊，這麼頻繁跳槽，竟然說自己是認真的。」

　　「說說看，什麼情況？」我好奇地問道。

　　「英語系的，畢業之後做了半年的中學老師，就辭職去教英語補習班，倒也算是學以致用。後來，補教業不是都轉型了嗎？無奈之下，又回去做學校老師了，但沒到半年時間，她又去做房地產仲介。您說這是在忙什麼呢？」

　　「認不認真是態度問題，從跳槽次數可是看不出來啊。」我笑著和助理說：「她來諮詢的訴求是什麼呢？」

　　「找到符合自身優勢的新工作。」

　　「哦，找到優勢。」我想，這又是一個希望透過「優勢」來突圍的人。

諮詢時間到了，諮詢室門口來了一個怯生生的女孩。

「趙昂老師。」她站在門口，像是守著一條邊界線。

「你好，是艾莉吧？快請進。」我起身請她進來。

坐下以後，我主動提問：「我看了你的諮詢資料表，是希望透過諮詢，找到符合自身優勢的工作嗎？」

「嗯，是的。」然後，沒話了。

「還有別的期待嗎？」

「我就是希望找到自己的優勢。」

「能不能具體說一說？」我繼續引導她，希望聽到更多資訊。

「老師，您也看過我的簡歷了。像我這樣換了好幾份工作的人，是不是就不容易求職呢？我還能有什麼優勢嗎？」

「別著急。能不能先說說你換工作的原因？我看你之前的幾份工作還都是英語教學，怎麼最後這一份工作，轉換到了房地產仲介呢？」我想先找到一個切入口。

「我就是想跳出原來的圈子。」聽她說「原來的圈子」，我以為是補教圈子。等了一下，她又說：「在我們那個小城市，感受不到工作的快樂，整天感覺很壓抑，大大小小的繁瑣事，想有一些創新也做不到。所以，我就又回到北京了。工作不好找，有朋友介紹了這個工作，說是先做再說。其實，還有一份工作是保險代理人，我沒去，想著反正隨時都可以做，就先等等看。」

「哦。你之前有在北京工作的經歷是吧？」這個在資料表裡沒有寫清楚。

「是的，英語補習班的工作，就是在北京的。」艾莉停了一下，說：

「我還是喜歡大城市。」

「那兩段在學校做教師的工作，是怎麼回事呢？」

「都是家人安排的。他們就是希望我回到老家去，說是『女孩子要有穩定一點的工作』。可是，穩定倒是穩定了，一點意思都沒有，這不是我想要的生活。」艾莉顯然有些不滿。

「英語系畢業做英語老師，和做房地產仲介相比，倒更像是學以致用呢。」我慢慢梳理她的選擇邏輯。

「家人也這麼說。可是，老師，你不知道，我並不喜歡幾十年千篇一律的生活，那和一個機器人也沒什麼區別。原本在補習班教英語，還總要想著有所創新，不管主動被動，都要多學習一些東西。」艾莉一下子把自己換工作的原因都說了出來，顯然她和家人是做了一番抗爭的。

我在紀錄紙上記下：**成長、自由**，這是她追求的職業狀態。

和很多年輕人一樣，初入職場，有著旺盛的精力、滿滿的熱情，急於找到合適的平臺展示自己，希望能夠獨立。然而，他們又總會面對這樣的現實：因為缺乏職場的歷練，沒有足夠的經驗，不知道該如何選擇，於是就會受到各種挫折和打擊。

「那你重新回到北京，看起來似乎實現了願望。你又如何看待目前的工作呢？」來做諮詢，肯定是有所期待，我希望能幫她把期待呈現得清晰些。

「這份工作只是臨時過渡，我已經覺得它不適合我了。」

「嗯？具體說一說。」

「我需要一份工作生存下來，但又不知道自己可以做什麼。像這樣每天到處跑、蒐集資訊、做業務，似乎並不適合我啊。之前做過補教業，現在這一行整體轉型了，我可以做些什麼呢？」艾莉顯然做過一番研究，繼續說道：「我有些朋友做自媒體，有些做銷售人員，有些回到體制內，還有些考公務員去了。」

「我就是特別迷惘啊，好像什麼都能做，又好像什麼都不在行，都需要從頭學起。」她解釋說：「我倒不是怕從頭開始，只是不能再浪費時間了，我都快三十了。如果這個做兩年、那個做兩年，最後什麼都不精，怎麼辦呢？」看來，她的時間緊迫感很強烈。

「為什麼會覺得目前的工作不適合你呢？」

對於職場新人來說，一方面急於建立一種獨立的存在感，迫切需要一個展現自我價值的位置；另一方面卻是對於職場缺乏瞭解，對於可以交換的價值，心裡沒個底。兩邊夾擊，就會既迷惘，又焦慮。此時，摸清楚他們已有的經驗，就特別重要。

艾莉接著說出了自己之前的經歷。原來，在不長的幾段職場經歷中，都會出現一些人際關係的摩擦，不是因為「說話太直」得罪主管，就是因為「不善表達」和同事有了誤會。後來，她就給自己做總結，「我還是做專業人士比較好，這樣就能少和別人打交道，一切都靠專業來說話。」

可是，「專業人士」哪有那麼好做的。什麼職業可以很專業呢？銷售性質的工作好像不算，她首先想到的是學歷——要不要再繼續

讀研究所，提高學歷？

　　這是職場新人容易走入的一個誤區。之所以會在人際關係上出現危機，那是因為，從一個學生到一個職場人，面對這樣一種重要的生涯角色轉變，他們還沒有做好處理複雜人際關係的準備。之前只是同學、老師、父母、朋友的簡單關係，進入職場了，即便在一個相對封閉和單一的工作崗位，也要和不同年齡、不同身分、不同地位的人打交道。角色不同了，關係複雜了，基本的待人處事就夠一個職場新人學一陣子的。何況，有不少人從小被父母過度保護，缺乏對於人際關係的認識，於是一進職場，就受到劈頭蓋臉的打擊。

　　逃避，是很多職場新人的選擇。為此，才會出現一些「社恐」、「宅男」、「宅女」，其實他們也不是真的願意宅起來，而是沒有在人際往來中得到滋養，就退回到自己的小空間。一旦影響到職業選擇，有些人就會以為，「自己是不是內向，不適合與人打交道呢？我要不要選擇專業性強的工作呢？」

　　聽完艾莉的描述，我大概清楚了，在她面前展開一張白紙，把剛才聽到的內容重新做一番梳理。

　　「艾莉，你看，你想要更多的成長，更大的自由空間，想要更多的成就感。這是你選擇來北京找工作的原因。與此同時，你覺得自己的選項有限，又受制於一些能力的不足，比如與人交往的能力。於是，你就感覺自己陷入困境，希望可以盡快突圍。而此時，你所能想到的方法就是借助於『優勢』。」

　　我一邊在白紙上寫寫畫畫，一邊觀察艾莉的表情。她點著頭，眉頭

緊鎖，說：「趙老師，確實就是這樣的情況。那我該如何『突圍』呢？」

「先說說造成這種困境的原因吧。」我直截了當地告訴她，「從某種程度上講，你的困境就是你自己幻想出來的。」

聽了這話，艾莉一臉驚愕。

我繼續說道：「對於一個職場新人來說，職業能力不足，這是現狀，也很正常，需要花時間、做事情，能力才能累積起來。人際交往能力不強，也很正常，因為你正處於一個生涯角色轉換的階段，還沒有適應多角色的狀態。你找不到太多讓自己滿意的選項，也很正常，一方面由於你的視野太窄，見過的職業比較少；更重要的是，即便我現在告訴你一些職業選項，因為從未接觸過，你心裡也沒底。

「你正處於一個職場新人的探索期，需要快速成長。這麼說吧，你想要追求成就感，於是想到了要成長，這是對的。但你想要找到優勢，甚至幻想著藉由優勢來獲得成就感，可能就走錯了路。**因為多數優勢都是需要在做出一項項成績的基礎上，才能顯現出來的，而不是像算命一樣算出來一種優勢，預言自己憑藉這個一定能成功。**這是導致你陷入困境的重要原因。」

艾莉似乎聽懂了，又似乎更迷惘了。她像是洩氣的皮球，喃喃地說：「難道，我就沒有優勢了嗎？」

看得出來，滿懷希望要追求的東西，似乎一下子消失了，肯定會有失落感。但她不知道的是，她已經擁有的東西更寶貴。

「你的優勢太明顯了，明顯到你都習以為常，從不關注。」聽我這麼說，艾莉又一次驚愕了。「是的，你看：你年輕，有追求積極

向上的動力，願意自我改變──這就是你最大的優勢啊。」

艾莉更迷惑了，眼睛似乎在說：「這算什麼優勢啊？」

我笑了笑，耐心地繼續說：「有三種認知，是你作為職場新人需要先建立起來的。」我展開剛才為艾莉做的紀錄，一邊圈，一邊講──

·第一，你要知道：優勢不是憑空產生的，是基於過去的經驗累積；準確地說，是基於過去的成績累積出來的。

這一步，誰都繞不過去。你得先放下對於「憑空挖出來一項優勢」的執著，然後在具體的工作中做出成績，才能從當中找出優勢，也才能讓你的客戶或者老闆相信你。

·第二，你要知道：你永遠不會選擇一份超出你視野範圍的職業。

不要期待一位「高人」指點你說某個職業肯定適合你。即便一份職業真的有發展前景，即便你或許真的能做好，那最好的起點，也是從「現在」開始去瞭解，將來再選擇。

所以，最穩當的選擇是從你能接觸到的、有瞭解的、能做得來的職業中，選擇合適的先開始。

·第三，你要知道：作為職場新人，你所處的正是生涯發展中最艱難，也是最具成長價值的一個階段。

說是最艱難，是因為你缺能力、缺視野、缺資料庫、缺人脈。但與此同時，這正是你可以扎根下來做累積的階段。十年後，你所能

取得的成就，一定和現在的累積密切相關。

　　我知道，這三點講起來還是抽象，聽上去有點像心靈雞湯。於是又補充道：「我們說一些具體策略吧，這也是留給你的作業。」

　　艾莉用力點了點頭。

　　‧首先，你要去找人做訪談——去找那些你能接觸到的，在某一個領域做得非常好的職場人，進行深入訪談。

　　這裡面有一個重要標準，就是什麼是「做得好」。一定不只是自己說好，而是有成果，別人都能看得到。和他們進行訪談，你一定會開拓視野，深入瞭解一門職業。

　　記得問他們三個問題：1. 做出了現在的成績，你認為最關鍵的原因是什麼？ 2. 這個職業帶給你最大的價值是什麼？ 3. 你認為這個職業的缺點（需要提醒的地方）是什麼？

　　我相信，訪談超過二十個人後，你一定有驚喜。

　　‧其次，你要每天記錄「成就日記」。

　　每晚必須打開筆記本，回顧一天中最有成就感的事情，記下來，分成三部分進行梳理：1. 這件事的發生過程，為何使你有成就感？ 2. 展現出你的價值的原因？ 3. 必須每天記，即便當天你發現並沒有什麼使自己有成就感的事情，也要打開筆記本，想一想：第二天準備如何創造成就感？

　　持續做這件事，就是在持續累積你的優勢。

．最後一件事，三個月更新一次簡歷。

一定要很用心地更新。更新簡歷不一定就代表著你準備找新工作，而是**透過定期更新簡歷去發現：自己已經累積了什麼價值，自己還有些什麼不足，該朝哪個方向努力。**

聽完這三件事，我看到艾莉的眼睛放光了。我叮囑她：「一定要記得，這三份作業做一段時間後，再來找我。」

對一個職場新人而言，進入職場的前三年都是一段適應期，像是處於斷奶期的孩子離開媽媽的懷抱，添加了不熟悉的副食品，內心充滿焦慮，步履蹣跚。他們想要一個答案，可以讓自己堅定地努力。

諮詢師要做的，不是給一個答案，而是幫他們一起找到可以堅定的力量。在斷奶期，斷奶不是目的，「更好地成長」才是目的。

❀ ❀ ❀

一個月之後，艾莉欣喜地發來訊息：趙老師，沒想到，我訪談過的一個人邀請我去他們公司上班，是一家網路公司，去做產品經理。這是我想都沒想過的啊！

我回覆她：別急著決定，這是在訪談過程中多少會出現的情況。繼續做作業，三個月之後再下決定。

半年過去了，艾莉再次出現在我的諮詢室的時候，像是變了一個

人，衣著時尚得體，滿面榮光。她是來和我報告好消息的：她已經成功入職一家線上教育平臺，做產品研發。

【轉角看見】

進入一個新領域，轉入一個新階段，我們都會有一段適應期。因為環境不熟悉，因為工作沒做過，我們會感到不知所措，會感到失落，會感到挫敗。此時，不要想著逃開，也不要期待奇蹟出現，而是要告訴自己：「我只是剛剛起步，我需要一個階段去提升能力，適應新階段，調整好新角色。」

提升信心、提升能力，是增加內在資源。獲取資訊、豐富人脈，是增加外部資源。資源累積足夠了，自然就擺脫了困境。與此同時，不要忘記——

．擺脫困境不是目的，要問問自己：
1. 這個階段獲得的成長是什麼？
2. 我可以累積些什麼成就，為下一個階段做準備？

誰不是身處職場江湖

> 擺脫困擾的方式，不是和它糾纏在一起，
> 而是重新檢視自己的方向，迅速調整，盡快離開。

　　有些心理師轉做生涯諮詢的原因，是他們覺得生涯諮詢的案主和心理諮商的案主相比，情緒和狀態比較穩定，一般不會有讓人特別擔心的事情發生，也就不會那麼棘手。其實，生涯諮詢的案主所遇到的困惑是另外一種棘手，他們要面對的職場江湖並不太平。

　　一般來說，三十歲左右的女性來做生涯諮詢時，都免不了涉及家庭與事業的平衡問題，結婚生子、重返職場……可是蘇晴的情況卻不一樣，看到她在表格中填寫的資料就知道，這是一位很有企圖心的女性。法律科班出身，名校碩士，進入外商公司法務部門工作，不到十年，做到了中國區的法務總監。諮詢訴求中寫著：**分析離職利弊，規劃未來方向**。

　　「為什麼想要離職呢？」諮詢一開始，我就從這個關鍵點問起。
　　「人際關係。」嘆了口氣，蘇晴接著說：「這是個很灑狗血的故事，

不過，就是被我碰上了。」她習慣性地要打開小包取東西，「能抽菸嗎？」旋即又說：「算了，不好意思。我覺得自己被逼得沒有退路，每天去公司成了一種痛苦。」

「喝茶嗎？」看到她點頭，我起身泡了一壺茶，倒了一杯放到她面前，「這是岩茶肉桂。別著急，慢慢說。」

蘇晴的人際關係和一個人有關。

三年前，公司有一起智慧財產權法律糾紛，蘇晴全權負責，因為她的出色表現，得到總部老闆的賞識。加上當時公司法務部門人手短缺，蘇晴的專業才能得以展現，好幾件案子都做得不錯。於是，一年時間內連升兩級，直接負責起了中國區的法務工作。這是一段讓蘇晴特別有成就感的經歷。

「老話講，福禍相依，真是沒錯。」她感嘆道。

做到了法務負責人的位置，蘇晴才感覺到高處不勝寒。之前，她一心關注工作，關注專業度，可是她沒有發現，自己火箭一樣的晉升速度早已經引起別人的不滿。她聽到過這樣的議論：「憑什麼她升得那麼快？」「經驗夠嗎？還不是運氣好。」「是不是有什麼門路啊？」僅僅議論還不算什麼，她早已成了一些同事攻擊的靶子。

因為晉升速度快，之前的一些同事，甚至是上司，都成了自己的下屬，擋了一些人的職涯晉升路徑，於是蘇晴就成了這些人的假想敵。偏偏人際交往、職場政治是蘇晴的弱項，一時間，工作不配合、同事質疑、設置障礙，種種打擊讓她備受挫折。

特別是之前的一位上司，本來他是公司內部熱議的法務總監人選，

現在蘇晴升上去了，這個同事就被安排負責智慧財產權事務部。雖然也是同級，但就像讓一輛早已志在終點的賽車突然轉彎一樣，蘇晴也知道，他心裡肯定不舒服。雖然這不是自己的責任，但他畢竟曾是自己的上司，蘇晴嘗試過示好，卻被冷冰冰地拒絕，還被認為是別有用心。

從此以後，本來應該合作密切的兩個部門，展開了冷戰。處處都是地洞，無辜地躺著也中槍，蘇晴感受到了職場上的森森寒意。

「這是你想要辭職的原因？」

「我真的不想幹了！」蘇晴說得既憤怒，又無奈，「不合作也就罷了，還處處扯我後腿，在老闆面前說我的壞話。之前老闆不會相信我不行，現在連我都開始懷疑自己的能力了。你說，這麼做下去，還有什麼意思呢？」

「那麼，讓你猶豫、不想辭職的原因，又是什麼呢？」

蘇晴沒想到這個問題來得這麼突然。

「原因很多了，感情上難以割捨是一個重要原因。想想看，在這裡，我打拚過、贏過、成長過，我怎能割捨得下？」她把目光又投向遠方，「而且，客觀地分析，現在應該是我發展得最好的一個階段。如果我能在法務總監的位置上再做三五年，不僅能夠累積足夠的專業經驗，而且具備了看待事物的整體格局，到那時候，選擇就多了。」

看來，蘇晴並不想離開，事情可能也就沒有那麼糟糕。眼下的麻煩，就聚焦在一個點上：如何擺脫人際關係的困擾。

　　我想到了一個比喻：「如果你是一輛身處賽車場的車，你希望自己是一輛什麼車？」

　　「可是，我並不是身處賽車場啊。現在周圍是一些不守規矩的車，不斷超車，還逼我的車，我提升不起速度。我倒真的是希望自己能夠馳騁在賽車場上，或者我乾脆駕駛一架飛機豈不更好，規定航向，誰也不會干擾誰。」看來，蘇晴還是會把自己發展受阻的原因歸結於環境。

　　「那如果此時你就是在公路上呢？還不是一條高速公路，而是一條縣道、省道，有經過的拖拉機、大卡車，還有飛馳的高級轎車？」我又問。

　　「那還能怎麼辦？開慢一點吧。」蘇晴攤了攤手說：「不過，我們公司也沒那麼糟糕，整體素質還是挺高的，只是某些……不然，我早就走了。」

　　「那你說呢？如果對於你所處的環境，可以有一個比喻，會是什麼？」這次我把主動權交給了她。

　　想了好一會兒，蘇晴說：「我現在應該在高速公路的休息區。」這個比喻有意思，我饒富興味地看著她。「之前一路狂奔，我的馬力十足。倒不是我非要爭第一，而是時勢造英雄，不跑起來，也對不起這麼好的高速公路啊。可是現在呢，進了休息區，好像道路規則一下子都失靈了，局面混亂，有人看我跑得快，就不想讓我再次上路，加不了油，停不了車，還開不走。」蘇晴一口氣說了好多。

　　「這個比喻有意思。所以，你想要辭職，也只是想盡快駛離這個混亂的休息區吧？」我幫她連結到現實。

「是的是的，如果不是這樣混亂，我是不會走的。」她連連點頭。

「那我們看看，你是怎麼來到休息區的？」

「油不足了。」忽然，蘇晴像是明白了什麼，「哦，對了，我有點明白了，雖然別人總對我的弱項發起攻擊，可這也說明，我畢竟是有不足之處。比如，不熟悉新老闆的工作方式、對有些新的業務方向沒經驗，各部門之間的協調，我也很少做過。」

「其他人對你的評價只是放大了你的弱點，進到你的耳朵裡，就像巨大的噪聲。實際上，正是因為你心懷芥蒂，才會被這些噪聲所影響。所以，你來休息區，是為了來加油的。」我再一次提醒她。

「是的，我是來加油的。我職位晉升，但能力不足，需要盡快提升。」蘇晴似乎看到了迷霧中的方向。

「可是，你身處一片混亂的休息區，該怎麼做呢？」我提出一個新問題。

「離開？不行。加油？有點難。我得想辦法回到高速公路上去。」顯然，蘇晴在快速地思考，「嗯嗯，或許，我該保持低調，不要讓別人關注我，給自己減少麻煩，然後想辦法去加油。真不行了，去找管理員。」

「對應到工作中，具體怎麼做呢？」

「盡量不把同事的議論和指責當回事，不能事事計較，多數人的看法也都還是有原因的。我越是保持低調，不是一出現反對聲音就立刻回應，或許反對聲音就會少一些。我看到的混亂，也可能是我的心煩意亂造成的。」蘇晴很善於自我反思。

「在你的內心中，如果可以正面評價自己，或許就可以更善意地理解別人。你一直都很棒，現在只是沒油了。對了，怎麼加油呢？」

「我需要針對自己的弱項制訂一個強化的計劃，業餘時間要抓起來。專業方面我很清楚，升到這個位置上來，確實有些業務還不熟悉，我不能著急，也不能停止。至於人際關係、部門間的合作，就更不能著急了，我和大家還處於磨合期，這個階段是省不了的。」蘇晴像是已經有了計劃。

「你得相信你的老闆，他把你提升到現在這個位置，一定有他的道理。即便現在不合格，他願意給你時間成長，你也要給自己時間。對了，老闆就是休息區的『管理員』吧？」

「是的，我和你說過的之前那個同事，確實是一個大干擾，也正是因為他，我才變得心煩意亂的。我需要找到合適的時機，和老闆溝通一下，爭取更多的理解和支持。」蘇晴講了自己的第三個策略。

「和老闆溝通的時候，要站在老闆的角度考慮問題，他一定是不希望有麻煩出現的，同時他又期待公司能夠有好的發展。你需要把你對於公司發展做出的努力講出來，請他給你支持。」我給了蘇晴一點建議。

「這麼看來，也沒有那麼艱難了。和一個複雜的法律案子比，難度也差不多。」看來，她有信心了。

「說到法律案子，你有沒有發現這次遇到的職場危機，和你處理的法律業務有什麼區別？」我想幫蘇晴進一步思考。

「如果說區別啊，一個是有準備，一個是沒準備。法律業務再難，也會有預期，大不了找專家請教，再不濟就接受失敗的結果。而面

對職場危機，之前沒有概念，自己一下子就慌了。」蘇晴的分析非常精準。

　　「現在呢，有規劃了吧？」我最後推了她一把。

　　「嗯嗯，謝謝趙老師，我覺得自己可以搞定了。」

　　被生活中各種困難打得毫無招架之力的時候，不要疲於接招。擺脫困擾的方式，不是和它糾纏在一起，而是重新檢視自己的方向，迅速調整，盡快離開。

�֍ ✾ ✾

　　幾天後，我接到蘇晴的回饋：已經和老闆做了溝通。原來，老闆早就知道她的處境，只是希望看到她自己能走出來。

　　「幸虧沒有辭職啊。」手機那邊，我聽到了蘇晴如釋重負的笑聲。

【轉角看見】

職場是一個江湖。初涉江湖的人總是會聽到各種關於江湖的傳說，於是有些人還沒經過體驗和努力，就開始肆意揣測。人與人之間，逐漸形成了一堵堵牆，人們寧可走迷宮，也不願意透過牆看看彼此。這正是處理人際關係的難點：雙方各自「惡意」揣測，把對方列為「假想敵」，從一件小事開始，建立自己的壁壘。如果大家都陷入這樣的模式中，那就不會有贏家。

・解決方法是：

評估關係的實質利益點，以開放、合作的心態主動溝通，在大家的一致點上建立共識，在存疑點上擱置，在不同點上我行我素，快速通過。

足夠開放，你就足夠強大。在不知道的事情上選擇善意理解，或許會讓我們更有動力。

職場遠沒有那麼冷漠與險惡，我們也不必少年老成。

每一位職場媽媽都是生活藝術家

| 平衡不是平均用力，而是懂得階段性取捨，
| 確立方向，整合資源。

　　預約的諮詢時間到了，我做好準備，倒了一杯茶，鋪開幾張紀錄紙。案主如約而至，落坐。

　　很多來訪者第一次做諮詢時，都會有一些緊張和忐忑，於是我往往會先說話：「肖潔，你好。」

　　「趙老師好。」打完招呼，肖潔並沒有其他案主的那種拘謹，而是自顧自地直接講了起來：「趙老師，我的背景資料您都瞭解了吧？我來找您諮詢，就是想請您幫我看看，我是不是要離開職場，做全職媽媽？」

　　肖潔的背景資料我看過了，寫得非常詳細，連一些心理狀態也都描述了出來。

　　肖潔，三十歲，大學畢業之後，一直在一家民生消費品公司擔任業務，工作能力很強，八年時間，每年都會有幾個月做到業績冠軍。

工作發展得好，經濟狀況也不錯，所以結婚之後沒多久，她就決定生孩子。

現在，孩子剛出生三個月，始料未及的是，隨著孩子的出生，各種狀況也出現了。

肖潔一直是職場上的「拚命三郎」，直到臨盆的前一天才開始休息，孩子剛滿月，她又準備去上班。想要請保母看孩子，不太放心；婆婆來幫忙，卻因為各種習慣不一樣，總有各種小摩擦。老公希望肖潔能安心在家裡待幾年，好好養育孩子，這讓她有些壓力，也有些動搖。

「那就說說你現在的狀態吧。」我說道。

「我已經開始上班了，但是和生孩子前的工作狀態大不相同。」肖潔的聲音有些焦慮，「每天都會想著孩子的事，想著要回去餵孩子，擔心婆婆用舊式的方法照顧孩子，弄得我心煩意亂。偏偏這個時候，客戶那邊又出現了一些狀況，對帳、催款，這些平時我都可以輕鬆搞定的事，現在也感覺應付不過來了。雖然我的工作時間可以很靈活，但現實往往是工作、生活不分家，即便在家休息，電話也不能閒著。我老公很有意見。」

「所以，你有考慮過是不是辭職，做全職媽媽？」我回到了她最開始的問題。

「也是，也不是。」肖潔有些猶豫地說：「其實，我有幾個方面的考慮。」接下來，她很詳細地講起了自己的想法。

在一個職務上做了八年，順風順水的同時，肖潔也產生了厭倦。

雖說這份工作給自己帶來了不錯的經濟回報，但是她的內心也有一絲隱隱的擔憂。她說：「將來怎麼辦？要一直這麼做下去嗎？這一行有變化了，怎麼辦？我做不動了，怎麼辦？」這才是肖潔內心真正焦慮的事情。

然而，一旦辭職，經濟方面倒還好，可是整天面對奶瓶、尿布……面對家裡各種可能的小摩擦。從職場上的忙忙碌碌，到家庭裡的婆婆媽媽，肖潔又特別擔心自己接受不了這樣的轉換。「會不會在家裡沒有了地位？脫離職場，狀態會不會更糟糕呢？」

於是，她來尋求我的幫助。

「趙老師，你能不能幫我找到這樣一種職業選項：未來能夠持續發展，既能擺脫對原有職業的倦怠，又能為當下的狀態找到一種意義，做到一種平衡？」

「我聽出來了，」我幫肖潔總結道：「你有兩種糾結。其一，不想放棄原有的職業，其實是不想放棄工作給你帶來的價值感，但是又對原有工作有所厭倦。其二，你不想放棄對孩子的照顧，其實是不想放棄你對於孩子養育的一些理念，但是擔心全職媽媽會讓自己喪失價值。於是，你就想要尋求一種新的可能，既可以滿足職涯發展的延續性，又能照顧到孩子。」

肖潔頻頻點頭，「是的是的，趙老師。我最近總會收到一些資訊推薦，比如家庭教育指導師培訓啊、心理師啊……這些職業是否適合我呢？」

「別著急，是否適合你，不能確定。但是可以確定的是，肯定不

存在這麼一個選項，能讓你眼前的糾結一下子就煙消雲散。」看著肖潔心急火燎的狀態，我需要先幫她降降溫，「如果存在這麼一個選項，你也不需要來找我了。」

肖潔長舒一口氣，鬆坐在椅子上，喃喃地說：「那怎麼辦呢？」

「來，我們從長計議。」

我在她面前的白紙上畫出一個圓，分成三個等分，然後解釋道：「我們的**生涯規劃中有三個重要的部分：自我的部分、職業的部分、關係的部分**。自我的部分，包括身體健康、內在心靈成長、興趣及愛好的發展等。職業的部分，主要是透過工作帶來的物質收入、成就感等。關係的部分，可以包括夫妻關係、與父母的關係、與孩子的關係等。」

看了看肖潔，見她似乎聽明白了，我繼續說：「我們的生涯發展就是希望透過努力，讓我們自己的這個圓越來越圓滿。只是，」我頓了一下，說：「因為我們每個人都受制於時間、精力、金錢、知識等限制，很難在四面出擊的同時照顧到各方面。比如說，現在的你，就很難做到既照顧好孩子，又能把工作發展好，還能拓展自己的未來事業。」

「不一定吧，趙老師，我看一些網路文章裡，有很多人生勝利組都是各方面都做得很好的。」肖潔顯然是被一些故事影響了。

「一定有一些人在很多方面都做得很好，但是我們要看到的不僅僅是最後的結果，還有之前的過程，比如他們經過長時間的努力，累積了大量的資源和成果。再比如，在有些方面他們做出的犧牲，

是其他人看不到的。」

「這倒是。」肖潔回歸了理性，「這麼說，我的願望實現不了了？」

「我們看過程，剛才我們說到，生涯發展是一個逐漸圓滿的過程。受資源所限，我們在某一個階段裡，可能需要選擇最重要的部分來發展。過一段時間後，我們再調整重心。**發展是一個保持平衡的過程，就像走鋼索，只有重心穩定，才能保持平衡，才能繼續向前。**」

我指了指白紙上的圖，問肖潔：「在現階段，你會選擇哪個部分作為重心呢？」看到她陷入沉思，我補充一句：「你可以把時間劃分得再具體一些，把這三個部分再細分一下。」

聽了這話，肖潔開始在白紙上寫寫畫畫。我看到，她在「職業」的部分寫上：收入、成就、探索未來職業。在「關係」部分寫上：照顧孩子、夫妻關係、家庭和諧。在「自我成長」方面寫上：烹飪、畫畫、瑜伽。

然後，她在「收入」、「照顧孩子」上面打了勾。看來，她找到了自己的重心。

放下筆，看著面前的這張紙，肖潔說：「如果能抓住這兩個重心，或許我也就不那麼焦慮了。我得先確保收入，這是確立我價值的方式，也是讓我能夠安心的方式。同時，照顧好孩子，這樣我就不會有愧疚感。」

「看得出來，你放下了一些。如果把關注點都放在這兩個重點上，你會如何做，才能確保它們如你所願呢？」雖說做了取捨，可是肖潔可能不見得會心甘情願地轉移重心，這樣的結果，往往是兩頭不

能兼顧。我需要進一步推動她。

「我知道，要想把這兩個方面發展好，不是一件容易的事，我的精力確實有限。」看起來，肖潔非常清楚自己的狀況，「我準備向公司申請，配置一名助理，哪怕從我的業績中分紅給助理都行。不能什麼事都由我來做，我只負責最關鍵客戶的維護、關鍵點的掌握。這樣一來，雖然看似我需要分收入出去，但是效率一定會大大提升，也是很值得的。

「還有，我得回去和老公商量，不再讓婆婆幫我們看孩子了。我要請一個合適的保母。表面上花了錢，實際上，減少了很多不必要的摩擦。這樣，確保我的教養理念能夠落實，我也就少了後顧之憂。」

肖潔的這兩個策略確實很有效。

「那麼，如果這兩個重心得到保障了，接下來呢？下一個階段，你準備從何時開始？重心又會做怎樣的調整？」

我知道，肖潔的期待肯定不會止步於暫時的風平浪靜。她對於未來的期待，需要在下一個階段得到滿足。

「我想過了，辭職、做全職媽媽，是我能接受的最壞結果。現在，如果可以兼顧目前職業收入，所獲得的收入完全是可以靈活使用的資源。除去請助理、請保母的費用，剩下的費用，我還可以拿出來一部分用於業餘時間充電，提升自己。等一兩個月之後，工作和家庭都穩定了，我就可以開始轉移重心，進行新職業的探索了。」肖潔信心滿滿。

「新職業探索的部分，你有什麼打算嗎？」我知道這部分是肖潔

的一個疑惑，必須在諮詢中幫她排解。

「我喜歡心理學，也對家庭教育感興趣，正好自己的孩子出生，可以和孩子一起成長。我準備接下來開始學習家庭教育、學習心理學，說不定可以成為我的未來職業。」說這話的時候，她還不是太篤定。只是，在消除焦慮之後，她可以暫時停止怕做不到的擔憂了。

「你的這個想法很好，學習如何教育孩子也非常必要。只是，在把它作為未來的事業之前，你需要一個探索階段。」

「探索階段？」肖潔有點詫異。

「是的。」我從資料夾裡拿出一張職業探索清單，「你來看看，**這份清單裡的問題，你是不是都清楚了？**」

肖潔看向了那份清單——

· 【職業探索清單】：

1. 這個領域將來的發展如何？會有什麼樣的市場需求？目標客戶會是誰？單筆業務的消費額度會有多大？

2. 這一領域的主要職業都有什麼？各自有什麼樣的進入要求和發展要求？

3. 做到比較不錯的程度，大概是怎麼樣的？

4. 這一領域的最大尷尬和困難是什麼？

5. 這一領域的回報和價值有哪些？

6. 當地開展的可能性和市場前景如何？

「哇，這些問題，我還真的都沒有認真想過呢。」肖潔又有些疑

惑地抬起頭問我：「趙老師，是不是一定要先把這些問題弄清楚了，才能開始投入學習呢？」

「那倒不一定，也可以一邊學習，一邊瞭解。但有一點是肯定的，在弄清楚這些問題之前，你很難給自己的未來職業一個明確的定位。」

我知道肖潔想問什麼，笑了笑說：

「學習的目的，如果只是為了自己用，那就簡單很多。但是，如果想要透過學習來進入一項職業，那就要慎重了。當我們對一個陌生領域不是真正清楚的時候，很容易被一些虛假資訊影響，特別是一些以行銷為目的的資訊，可能會過分誇大一項職業或者工作的價值。如果不小心被誘惑了，損失的可不僅僅是金錢，更重要的是已經付出的時間就再也回不來了。」

「您這麼一說，我就明白了，畢竟是做業務的，各類廣告看得多了……」她揚了揚手中的職業探索清單，「這份清單就是法寶啊，我要好好做功課。」

這下，肖潔安心了。

❋ ❋ ❋

半年之後，正逢新年，我收到肖潔的拜年訊息：趙老師，感謝您今年幫我做的諮詢，我現在開始嘗試創業了。雖然最初的想法沒有繼續，但我更加從容了，也感覺更加接近自己的內心了。

真為她高興！

【轉角看見】

對新手媽媽來說，因為生涯角色的增加，一定增加了很多的工作，這時候，不是沒有夢想，就是夢想顯得非常遙遠。於是，有人選擇了逃避，有人選擇了接納，有人選擇了硬碰硬。

其實，越是複雜，越是要突出重點，需要用「減法」。越是擔心，越是需用行動來面對。

‧職場與生活的平衡，要注意三點：

1. 找到不同階段的重心。
2. 確立每個重心的方向。
3. 發現不同重心之間的關係。

平衡不是平均用力，而是懂得階段性取捨，確立自己的方向選擇，才能有效地整合資源，成為生活的藝術家。

每一位職場媽媽都是生活藝術家。

逃跑的人力資源總監

職務調整是一項巨大的挑戰，
但也是一個機會。

「我來找您諮詢，就是想看看作為一個 HRD（人力資源總監），
該如何換跑道？」程馨一臉愁容地坐在我面前。

一般來說，在職場上做到了 HRD 的位置，對於職涯發展的諸多
路徑應該是已經了然於心，遇到的難處，也一定是讓自己難於取捨
的糾結。

「那你先說說看，你對換跑道的期待是什麼？」我想從對未來期
待的角度，幫程馨把糾結呈現出來。

「像我這樣的年紀，如果離職了，還有什麼選擇呢？」她答非所
問地提了一個問題。然後，不等我回答，又焦慮地說出自己的選項，
「您看我做生涯教練適不適合？或者做培訓師呢？」

「這些都是不錯的選項，但是否適合你，就要看你的具體情況了。
能不能先說說你目前的職業狀況呢？」

我知道程馨有外商公司的職業背景，才三十四歲就做到了總監位

置,按理說,原有的職業發展並沒有觸到天花板。那麼,想要跳到另外一個職業,肯定是有原因的。

「實不相瞞,我已經提出離職了。」說完這句話,程馨像是鬆了一口氣。

我反倒更好奇了:一個HRD,在未來方向並不明朗的情況下,就提出辭職,這對於一個人力資源老手來說,不應該啊。

「哦?那你原本對離職之後的發展是如何規劃的呢?」我想,她應該是有答案的。

「我也不清楚。據我瞭解,做生涯教練或者培訓師,都是自由業居多,我不知道現在的時機是否成熟。可是,如果跳槽呢,我大概就得降職應徵了。」

看來,她自己也還沒有成熟的計劃。

「那你為什麼這麼急著離職呢?」我想,這是個關鍵問題。

程馨往後坐了坐,靠在椅背上,嘆了一口氣,說:「唉,一言難盡。」

在HRD的位置上,程馨才做了半年時間。之前,身為培訓經理的她同時負責企業的員工關係經營,還做過人才招募工作,業務能力強,工作作風幹練,深得前任HRD的賞識。前任HRD因為工作調任而離開的時候,把程馨推薦到HRD的位置。

「我之前沒覺得工作有什麼難做的,因為外商的工作流程都很有規範,我只需要按部就班就好,遇到一些時間緊、任務重的情況,加加班就都能搞定。但是升職以後呢,狀況和想像的完全不一樣。只有原來熟悉的那部分工作還能搞定。其他工作,比如薪酬、績效,

都來找我做決策，我一下子應付不過來，做得特別辛苦。偏偏在工作溝通上總是出問題，不是不明白老闆的想法，就是工作安排不到位。半年下來，讓我覺得特別受挫。

「該怎麼和老闆相處呢？我要受到雙線管理，特別是外籍老闆，總覺得他的印象裡處處都是前任 HRD 的影子，我怎麼做都不能讓他滿意。」程馨有些沮喪，一股腦把自己的不滿都說出來，「還有同事，之前是同級的關係，現在我升職了，他們肯定有不滿情緒。表面上是向我彙報，實際上是刁難我，明知道有些是我不擅長的業務，都讓我來做決定，還不是想累死我啊。」

「所以，你就想要逃跑？」

我的問題，讓程馨愣住了。

「逃跑？不是啊……我覺得，我應該換一個更能發揮自己價值的工作。還有，這樣的事情遲早要碰到，我得為自己四十歲之後早做打算。」她否認道。

「半年前，當你接到升職消息的時候，你是怎麼想的呢？」我知道，程馨的職涯發展遇到了一個需要提升能力的關卡，她此時的狀況是「不適應」的表現。我需要帶她重新檢視這個關卡。

「那時候還是挺高興的，畢竟自己多年的工作得到認可。我這樣的年齡做到這個位置，也還算是同事中的佼佼者。」程馨不由得嘴角上揚，「當時，我還給自己做了一個十年的規劃，準備大展拳腳，要成為一名非常專業的人力資源管理者。但是，也不知道為什麼，狀況越來越糟糕。我想，可能是環境問題，或許換一個職業環境就

好了。」

「在這家企業，你工作了多久？」我問她。

「五年。」程馨似乎意識到了什麼，「或許還是能力不足吧，之前很多決策的工作沒有做過。但是，人際關係也是一個大問題，我覺得要面對的問題比我的前任還要多。」

我看著程馨，說：「我想到了管理學中的『彼得原理』（Peter Principle）——在一個等級制度中，每個員工都趨向於上升到他所不能勝任的地位。」

聽我這麼說，程馨的表情變得很複雜，雙臂抱了起來，一隻手托住下巴，眼睛看向地面。停了好一會兒，她說：「或許是吧，或許我還不稱職，還不能勝任這個職位。」她頓了頓，又說：「可是，我又有什麼辦法呢？被前任推薦到這個位置，我還能不做嗎？」

「你說自己『不能勝任』，指的是哪方面呢？」我沒容她抱怨，繼續問她。

「有些業務區塊不夠熟練，人際關係處理能力不足，特別是和上司打交道的能力，之前沒有這方面的經驗。在領導下屬方面，也讓我有些措手不及。」程馨的語氣緩和了一些，慢慢閉上眼睛，似乎在思考平時的不足。

我把程馨說過的話都一一記錄下來。「你講的這些方面，如果花時間針對這幾點來進行改善，你估計大概需要多久時間？」

她睜開眼睛，看著紙上的紀錄，心裡盤算著，手指著一項一項地說：「業務情況需要花半年來熟悉。我也需要調整自己的狀態，讓

老闆熟悉我的工作方式，用一年時間來磨合。至於領導下屬方面，如果前兩項都做好了，應該也不是太大問題了。我們之間的關係很微妙的，老闆認可，業務推展得順，可能也就沒什麼問題了。」

「嗯，你看，你大概需要一年時間去適應新職位，現在才剛剛過去半年。」我看到了程馨眼睛裡閃過的一絲亮光，「因為時間倉促，你一下子晉升到了一個以現在的能力不能勝任的職位上。接下來，你至少有兩個選擇。一個選擇是，退回到現有能力可以勝任的職位上去。另一個選擇是，接受挑戰，快速提升能力，勝任新職位。但是，如果你想要轉行，這樣的選擇不僅是逃跑，還要接受新挑戰，不管是培訓師還是生涯教練，都是你之前沒有做過的，需要花更多的時間去準備。你會怎麼選呢？」

程馨是個聰明人，我把這三個選項擺出來就夠了。

「我想，我還是應該接受挑戰的。」她的眼睛閃爍了一下，「那你剛才說的『彼得原理』，我是不是真的不勝任呢？我就想弄清楚一點，是不是自由業更適合我？如果是的話，我寧可現在花時間多做準備，倒是一勞永逸了。」

我很理解「職場逃跑者」的處境，對於他們來說，現實的困難是更真實的感受——在困難面前，那個想像出來的選項會被賦予更多美好的期待，「一勞永逸」、「天賦所在」、「持續終老」，都是他們逃到幻想中的理由。此時，他們會忽略可能的機會，而放大現實的困難。

「目前來看，你確實不勝任現在的工作。就像你也不能立刻勝任培訓師或生涯教練一樣。問題是，你是否有把握投入自己的時間、精力等資源，把自己提升到一個勝任的位置。」我頓了一下，「你剛才問到『自己是否適合從事自由業』，判斷的標準有很多種。比如，從客戶的角度來看，你擁有更光鮮的職業背景和更豐富的職場經驗，肯定適合；從你自己來看，符合了你在不同生涯階段的重心才更適合；而從專業角度來判斷，則需要先學習，再去落實，花三五年時間累積才更適合。」

「對哦，我還沒有開始，別人也很難判斷我是不是能做好。」程馨像是忽然明白了自身問題的答案。

「你在外商做人力資源，一定也知道這樣的一個現象：職場新人或者跳槽轉換者，在入職後的前半年時間是最不穩定的，很多人會在前六個月內提出離職。這是因為他們難以適應新的工作環境，不管是因為工作內容，還是因為人際關係，或者是因為企業文化。熬過這段時間，適應了，就好了。」我試圖用她的經驗來反觀她自己的生涯經歷。

「是的，我也經常帶很多新人，幫助他們適應。我們公司還有專門的職場導師幫助新人適應。」程馨似乎也明白了，「這和我的職涯晉升是一樣的。我也在經歷著一次重大調整的適應期，只是這次沒有人幫我適應。」她笑了。

我繼續在紀錄紙上畫出示意圖：一個人、前面有一塊大石頭。「是的，這次的職務調整對你來說，是一項巨大的挑戰，也是一個機會。

迎接它，你至少可以探探底，看看自己的能力到底有多高。或許，全力以赴之後，你會失敗，那就心安理得地退下來，換一個與你相符的職位。一旦挑戰成功，你就擁有了更多的選擇權。」

然後，我又畫出了另外一條路線，「**面對挑戰，如果你跑開了，或許不僅僅只是留有遺憾，更多的是對自己的否定，看不見的否定。逃跑的你，還沒開始，已經認定了自己不行。**」

「原來如此。」程馨若有所思，「那我就再給自己一年時間，反正沒人趕我走，我需要的，只是自己頂得住壓力。」

我感覺這次的諮詢要結束了。「如果回到半年前，讓你重新選擇，當你接到前任推薦你的升職邀請時，你會怎麼選？」

生涯諮詢師要做的，不僅只是解決問題，還要幫助當事人從經歷中增長智慧。

「我或許真的會慎重考慮。當時，我還是貪心了，覺得升職是好事，只想著能滿足內心的虛榮，但是沒有想到的是能力是否相符，自己是否可以適應，面對的挑戰該如何處理。」程馨想了一下，繼續說：「即便是接受升職，我也會提出更多的請求，比如需要職場導師支援，要給我半年的緩衝期，在職位上要先做副手。這樣或許就沒有現在的焦慮了。」

是啊，在職場上，有些人就像是一個沒有規劃的登山者，貪圖路邊美景，卻不顧地勢、地貌，不看路線、方向。一路走來，忽然發現自己走上了斷崖。想要跳過去，沒有足夠的能力；想要退回來，白走了好長一段路。還有一些人，根本沒有回頭路，就只能尷尬地

待在斷崖之上。

權力、榮譽、物質，固然是「登山者」要欣賞的「美景」，但只有提前準備充分，才能讓攀登之路綿延不絕。

❀ ❀ ❀

這次諮詢之後，我收到了程馨的回饋：經過和老闆的溝通，她撤回之前的辭職申請；作為支持，公司派她出國到總部學習一個月，同時為她安排了一名職場導師。

程馨和我說，她很有信心迎接挑戰。

【轉角看見】

職場晉升有兩種：一種是足以勝任，得以提拔；一種是形勢所逼，火線提升。前一種情況已經經過價值驗證，後一種情況很容易不適應。

・調整方式：

1. 充分利用信任期替自己減輕負擔，而不是急於表現。

2. 發揮自己的優勢，迅速樹立自己的職業品牌。

3. 維護團隊和諧，不要推動改革。

4. 如果調整失敗，也不要因此否定自己，只是時機未到，要蓄積信心重來。

職涯發展的瓶頸，從來不在外部，而在內部，在於能力提升、認知升級和狀態調整。否則，不是看不到機會，只會抱怨而陷入了瓶頸，就是即便機會出現，也很難把握。

只有關注了「內在瓶頸」的突破，我們才能規劃好持續發展的路徑。

幸福，就是活成你愛的自己

> 有什麼事情是你做起來很開心，極易獲得成就感？
> 這就是你的「天賦」。

　　我和雅潔是在一次講座中認識的，那次講座的主題是：女性職涯發展。講座中，我分析了女性重要的社會角色對自我實現的影響，以及在不同生涯階段，女性遇到的尷尬和可能路徑。

　　每次分享女性生涯發展的主題，我都會有兩種感覺：一種感覺就是，女性的職涯發展委實不易，因為女性要承擔更多的角色任務；而另一種感覺是欽佩和尊敬，因為看到很多女性透過自己的努力和韌性，為自己的人生爭取更多精彩。

　　講座結束之後，是聽眾提問的環節，我沒想到的是，有一半的問題都是關於孩子的，讓我不禁讚嘆身為母親的偉大。這時候，一個問題引起我的注意：「趙昂老師，您剛才說到女性在有了孩子之後的自我實現，可以有多種路徑。如果我既對原本的職業沒有太多熱情，又沒有感興趣的新方向，這怎麼辦呢？」

　　我看向她，一位優雅的女士，從相貌看不出年齡，化著淡妝，商務裝扮，顯得乾淨俐落，一站起來，就吸引了眾人的目光。後來，我知道她叫雅潔，名如其人。

　　針對這種抽象的問題，在公眾演講的場景下，怎麼回答都是對的，怎麼回答也都不對。我答說：「每個人對於自己的未來都會有很多的期待，這樣的期待，如果放在職涯中，那就要思考自我價值的實現與職業要求的價值是否相符。如果想要在本業外，發展第二條路線作為事業，那就要考慮自己追求的價值落實的現實性。但前提是，你對於自己所要追求的價值必須非常明確，然後才判斷要不要去努力爭取。而這個過程，絕非一下子就能回答出來的，需要不斷探索，反覆確認。」

　　因為時間關係，針對一個抽象的問題，我只能簡單作答了。

　　一週以後，助理告訴我，雅潔約了我的諮詢。

　　諮詢前，我瞭解了她的一些背景。雅潔是一個有十年經驗的 HR（人資），在網路業，主要負責培訓課程的主題。對於目前的工作業務熟悉，遊刃有餘，而職務上的發展，似乎一時也看不到什麼機會。這種狀況，讓雅潔既感到身為資深 HR 所面臨的危機；同時，若嘗試向外突圍，又很難看到新的可能性。加上身為一對五歲雙胞胎的媽媽，她也想有更多時間照顧家庭。

　　諮詢剛開始的時候，我照例問了問她自己的想法，還有之前做過的探索。雅潔說，她來諮詢，就是想要尋求工作的新發展。

　　因為在公司負責教育訓練，所以有很多機會聽課學習。她也想過，要不要像別人那樣，學習一些專門的助人技術，去做領導力教練或者諮詢師。但是在深入瞭解之後，一方面考慮到需要持續地長期儲備相關的知識與技能，距離自己似乎有點遠；另一方面，自己也不確定是否真的喜歡做這個。

　　「認真想起來，其實這只是身邊很多 HR 的規劃路徑而已，我自己並沒有感覺。就像您那天在講座上說的，要先確認自己追求的價值。」

　　我點了點頭，問她：「你是從畢業之後，就一直在做 HR 嗎？」

　　「也不是。英語系畢業之後，有那麼兩年時間，我定不下來，做過翻譯、做過導遊、做過行政，還當過英語教師。那時候年輕，總想嘗試不同職業，覺得這樣很好玩。一直到現在的公司，才算是穩定下來。這裡環境自由，鼓勵成長，比較符合我的風格。再後來，就結婚生子。時間過得真快，這兩年覺得工作沒有了新鮮勁，沒有了挑戰。」

　　我聽到了「定不下來」、「自由」、「挑戰」、「新鮮」，這是她追求的價值嗎？

　　我問雅潔：「你剛才說到想要嘗試『教練』、『諮詢師』這些相對自由的職業。在你目前的位置，如果在 HR 這條路上繼續謀求發展，還有什麼是你可能感興趣的嗎？」

　　「老闆和我說過，可以調換到 HR 的其他組別，但我好像興趣也都不大。至於升職，且不說難度比較高，就看看我們總監現在的忙碌狀態，我就知道那不是我想要的。獵頭也時不時和我有聯繫，不知道是不是因為惰性在作祟，如果沒有特別好的選項，我還真不願

意跳槽。」

「還有些什麼想法嗎？」

「沒了。」

業內、業外，大概的可能性已經分析了。接下來，我要做的，就是更激發她多去擴展自己的視野，看看別的可能性，希望能從中發現一些蛛絲馬跡。

「說說你的理想生活吧。有沒有什麼感興趣的事？」

「感興趣的事情倒是不少，都是一些藝術類的。我小時候學過小提琴，後來不學了，都荒廢了，現在陪孩子學，又重新拾回。還有，就是畫畫，有時間的話，我會參加一些成人的油畫課。」像是想到了什麼，雅潔笑了，「老師，是不是我一方面追求安逸，一方面又想有發展，太矛盾啊？」

「興趣和愛好在能夠為他人提供價值之前，可能很難成為職業，但是或許我們能從中發現你所追求的狀態。」我問雅潔：「如果有一種理想的生活狀態，那會和現在有什麼不同呢？」

我想，需要在夢想裡找可能性了。

「我真想有段 gap year（空檔年）啊！那樣，我就可以休息一下，陪孩子一起學一些東西，增加一些技能。」雅潔興奮又無奈地說。

「阻擋你實現這個夢想的障礙是什麼呢？」

她想了一下，說：「雖然沒有什麼經濟壓力，不過脫離職場一年，我擔心是否還回得來。再說，我只是期待那種狀態，如果真讓我休息了，要學什麼呢？我其實並不清楚。」

聽她這麼說，我忽然想到，或許這個無所歸屬的 gap year 和目前的職涯發展狀態是一樣的。我需要從這一點上推進。

「如果你有一段無憂的 gap year，而且你還願意學習一種技能，那你對未來的期待是什麼呢？更遠的未來，gap year 之後，學了技能之後……」我希望幫她繞過眼前的障礙，看向更遠的未來。

「我想做能夠與天賦結合的事情！」雅潔脫口而出。我想，這就是要找的方向。

每個人對於理想的職業狀態都有不同期待。有些人的追求非常明確，就是某一個職位、某一種職業，他們需要做的是持續累積，尋找機會。有些人的追求比較模糊，那就需要結合過去的資源和經歷，進行探索。還有一些人的追求並沒有在過去出現過，只是一種期待，沿著這個期待，就可以探索、布局。

那麼，雅潔的「天賦」是什麼呢？

「說說看，有什麼事情是你做起來就很開心，而且極易獲得成就感的？」我換一種說法，幫雅潔打開關於天賦的思路。在很多人的心目中，天賦好像等同於天才，這樣的認知偏誤，會讓一個人終生不能發揮天賦。

我把紙和筆遞了過去，讓雅潔自己寫。

「隨便寫？」

「對，隨便寫。」

英語、幫助人解決問題、和孩子玩、小提琴、做飯、表演、翻譯、

畫畫……一會兒工夫，白紙上就出現了好多關鍵詞。雅潔一邊寫，一邊說：

「我喜歡英語，也特別喜歡英語翻譯，當我讀一些英文原著的時候，經常有衝動，想翻譯過來，和別人分享。我想重新學小提琴，也是想要演奏給親友聽，看著他們開心的樣子，我也會很開心。我還喜歡做飯，喜歡有創意地做，做我沒嘗試過的。有創意的事，是我一直喜歡的。我喜歡表演，利用業餘時間參加一些朋友辦的活動——一起排演話劇，我喜歡進入不同角色的感覺……」

雅潔說得停不下來了。我一邊聽，一邊記錄關鍵詞：創意、分享、挑戰、多樣性、關係、新鮮……我拿給她看：「這不是你追求的生活嗎？」

「是啊，我也知道，我一直就在過著自己想要的生活，可我總覺得這樣的生活缺少規劃。」

我慢慢地說：「**把給你帶來快樂和成就感的關鍵詞組合在一起，就是你想要的理想生活，按照這樣的想法來設計，就是對自己人生的規劃。**」

我在那些關鍵詞的下面寫上：**業內發展，生活中，其他可能性**。然後說：「我們來連線，看看有什麼可能。」

「**『業內發展』**，可以為自己設置更多的挑戰。比如嘗試準備一門自己喜歡的課，分享給同事聽。也可以發揮你的創意，嘗試做一件既新鮮又有挑戰性的專案。」我說。

聽了我的話，雅潔搶答了：「我可以藉這樣的機會，聯繫起不同

部門，加強與同事的關係，承擔起更多的工作。」

「對，重要的是，你可以把這件事認真地規劃起來。比如，一年當中，你最希望運用的天賦都有哪些？每一季或者每個月，又希望發揮什麼天賦呢？制訂好計劃，透過具體的事情來落實。這樣，一方面，你的工作會變得有趣且有效；另一方面，你在有意識地運用天賦做事情，就不會有倦怠感了。」

雅潔頻頻點頭，「是啊，專門這樣規劃出來，感覺太不一樣了。」

「『**生活中**』呢，即便沒有 gap year，你也一樣可以玩起來。和以往不一樣的是，或許也是開始有目的地追求一種價值：做飯做出創意，定期發貼文、發食譜；學習小提琴的同時，籌備一場家庭演奏會；演話劇，就到公司裡為同事們演一場。這樣的生活應該很有意思吧？」

「是啊，那也不需要什麼都做了，選幾種我特別喜歡的，在業餘時間做就好了，可以像業內的發展一樣，也規劃出來。」

「如果前面兩項都規劃出來了，『**其他可能性**』也會出現的。有些興趣、愛好並非『玩物喪志』，你瞭解得越多，參與度越高，就越能發現興趣與職業連結的可能性，比如視覺化的表達、藝術類的療癒。或許，這是你將來可以嘗試的方向。」

「是的。我之前考慮的『助人者』職業多是受了別人的影響，並不是我自己想做的。現在我發現了，助人雖好，卻並沒有發揮我的天賦。」雅潔的眼睛已經亮起來了。

「如果把這三個方面放在一起，你會有什麼發現？」我把畫滿了

連線的紙拿給雅潔看。

　　她想了想，說：「我有兩點發現。第一，只要願意，我就可以給『我以為的』天賦找到用武之地。我之前還是給自己設定了太多的限制條件，所謂不會規劃，其實是不敢規劃。第二，我發現，職業與生活，跟興趣、愛好並不一定是截然分開的，找到一個合適的角度，完全可以把它們連結在一起。」

　　「那麼，如果讓你替自己未來理性而美好的夢想生活命名，你的夢想是怎樣的？」

　　「做個幸福的女人！」雅潔開心地笑了。

❀ ❀ ❀

　　只有自己才能定義幸福。我並沒有給雅潔的職涯發展指出一條「明路」，我也指不出來。關於業界趨勢和職業相關資訊，作為一個資深職場人的雅潔並不會比我知道得少，但之所以從未和自己連結，是因為她對自己有一個幻覺般的期待，這樣的期待指向一種「呆板的社會標準」：社會地位要高、賺錢要多、要足夠專業。在這樣的期待之下，自己的追求、天賦、幸福就難以安放。

　　把別人設定的可能性當成自己的出路，不管如何付出努力，總是難以達到幸福。用「呆板的社會標準」要求自己的人，就像待在雞窩裡的鳳凰努力地學習啼叫一樣，忘了自己有華彩繽紛的羽毛和一飛沖天的本領。

　　幸福只有自己知道。只有順應了自己的天賦，按照自己喜歡的方式生活，才能慢慢活成自己所愛的樣子。

【轉角看見】

夢想是人生的一道佳餚，可以做成終生難忘的宴席主菜，也可以做成天天享用的美味家常菜。這道菜需要三種食材：**熱愛、天賦、願景**。每種食材都不難獲得，但是卻特別講究：所有食材必須是自栽自養，自己培育，借不得，買不得。不必豔羨別人的大餐，自己做的最有味道。

在夢想面前，人們總是既自大、又自卑：自大到如果不唯我獨尊，就算不得夢想；自卑到做任何一件自己喜歡的事都謹小慎微，不敢發展。有時候覺得自己必須是鳳凰，有時候又發現自己不過是一隻小雞。其實，是鳳凰是雞不重要，重要的是，先飛起來再說。

自助小工具

★★進行人物訪談

訪談目的	透過訪談,開拓自己的視野,加深對於不同職業的理解,並對自我的興趣方向進行探索。
訪談節奏	長期、持續地進行訪談。把職業訪談變成自己的主動社交方式。
訪談對象	要去尋找你能接觸到的,在某一個領域做得非常好、有成績、有成果,也很喜歡這一項職業的人做訪談。
基本的訪談問題	1.做出現在的成績,你認為最關鍵的原因是什麼? 2.這個職業帶給你最大的價值是什麼? 3.你認為這個職業的缺點(需要提醒的地方)是什麼?

★★針對新職業的探索清單

如果對某個確定的新職業感興趣,可以鎖定目標來進行探索。以下為探索清單:

1.這個領域將來的發展如何?會有什麼樣的市場需求?目標客戶會是誰?單筆業務的消費額度會有多大?

2.這一領域的主要職業都有什麼?各自有什麼樣的進入要求和發展要求?

3.做到比較不錯的程度,大概是怎麼樣的?

4.這一領域的最大尷尬和困難是什麼？

5.這一領域的回報和價值有哪些？

6.當地開展的可能性和市場前景如何？

★★寫下自己的成就日記

日期：

這件事的 發生過程	
為何會有 成就感	
展現出你的 價值的原因	
明天準備如何 創造成就感	

★★職場適應期的調整清單

升職、換工作，都會面臨一段職場的「適應期」。

這個階段，最重要的是有覺察地調整好角色，直面挑戰，制訂應對策略，迅速適應。

新角色挑戰	·工作內容。 ·周圍環境。 ·人際關係。 ·工作方式、工作習慣。 ·…… 可以具體化，並且再加以細分。
可以借助的資源	·自己的經驗轉移。 ·別人的經驗學習。 ·包括上司、下屬、同事、家人等，整個系統的支持。 ·時間、精力。 ·參加的學習、培訓。 ·……
應對策略	將具體的挑戰與可以獲得的資源進行連結，查看可能採取的行動方案，以及有哪些需要積極拓展的新資源。
期待的目標	達到什麼程度、實現了什麼目標，就算是順利度過了這個適應階段。

★★創造屬於自己的理想生活

想不想讓你的生活充滿激情？

想不想讓你的人生豐富多彩？

試著填寫下面的表格，你會有新的發現。

做些什麼事，會讓你感覺到開心、快樂，容易獲得成就感			
從這些事情中，可以總結出什麼關鍵詞			
把這些關鍵詞分為三類，你會有什麼發現	業內發展：	生活中：	其他可能性：
可以如何規劃你的理想生活			

2 挖掘內在資源，突破生涯困局

之所以會出現生涯困局，往往是因為資源不足，特別是「內在資源」不足，而這正是突破困局的切入點。

一個工程師的中年危機

> 每當遇到特別有挑戰性的工作，
> 就是一個人驗證自己的價值，獲得新發展的時候。

「昂 sir，有個案主指名要您做諮詢。」助理傳訊息給我。

「有說什麼原因嗎？」我問助理。

隨著諮詢案主的互相介紹，加上近年來因為寫作和培訓帶來的知名度，總有案主指名要我來做諮詢。由於時間確實安排不開，如果不是必要，我都盡量轉介給別的諮詢師。

「案主看到您之前也做過工程師，感覺和他會有共鳴。」

助理的回答，讓我得到了兩個線索：除了他的職業之外，還看得出來，這是一個非常細心和謹慎的人。連我二十年前做過的工作都能找出來，可見這場諮詢對他十分重要。

「先把資料傳過來看看吧。」我請助理寄郵件給我。

一分鐘後，信箱提示音響起，一封名為「阿哲的諮詢資料表」的郵件躺在裡面。我打開，開始瞭解具體內容。

　　阿哲，三十七歲，通訊工程碩士畢業後就進入了通訊產業，頭兩年還跳了一次槽。後來，進入現在的這家企業，就沒再換過工作，已經十年了。這十年裡，他結婚生子，升職加薪，做了一個又一個專案，成了部門裡能夠獨當一面的中堅力量。

　　在資料表的諮詢訴求中，阿哲的表達邏輯清晰，他寫道：最近這半年，我的工作狀態特別混亂，不知道接下來將要如何發展。雖然，我也知道現在的工作是不少人羨慕的。雖然，我也知道接下來可能又會有升職的機會。雖然，我也知道別人都是這麼做下來的。但是，我還是會在一個人獨處的時候想到未來，一想起來，就會發慌：到底是該走技術，還是該走管理？這麼做的前途是什麼？還有沒有別的可能性呢？什麼才是屬於我自己的人生使命？

　　在資料表的結尾，阿哲寫了一定要找我諮詢的原因：昂 sir，我查到你的資料，知道你之前也做過工程師，雖然那是多年前的事了，但我覺得你一定能夠理解我。或許，你也進行過類似我這種情況的諮詢。希望你能幫幫我。

　　我關了信箱，若有所思地點了點頭。確實，這樣的情況很普遍，但解決問題的關鍵，不在於我曾經的職涯經歷，而是現象背後的基本規律：職涯發展階段的延續性。

　　這位工程師所遇到的職涯發展問題，不是特例。

　　很多人初入職場，勤奮自律，埋頭苦幹，迅速提升專業技能，不斷累積專業經驗，一直都做得很好。在開頭的幾年時間裡，工作充實，也獲得了包括物質回報在內的各類價值提升，很有成就感。然

而，時過境遷，人生就像長跑，經歷了適應職場的新鮮期和快速發展的上升期之後，如果找不到更遠的方向和目標，就像看不到路標的跑者，跑得大汗淋漓，卻內心發慌。甚至，還會因為身邊多了一些新跑上來的職場新人，讓自己感到莫名地焦慮。

我傳訊息給助理，請她幫我預約諮詢時間。

和阿哲見面的時間是一個週末的下午，聽見敲門聲，我起身迎了上去，打招呼，引他進來，落坐。穿著藍色格子衫的阿哲，透著工程師特有的理性和嚴謹，有點侷促的眼神裡，又透著點不安。

我沒有先講話，倒了杯水，推到阿哲面前，做了個深呼吸，安靜地看著他。

「那個，趙老師，」阿哲和我的目光一接觸，就又躲開了，「我的資料您都看過了吧？」

「是的，我都看了。我還特別想聽你說說目前的狀態。」

同樣的文字，在不同人那裡，會有不同的表達，也會有不同的理解。面談的諮詢，可以獲取更多的線索。

「可能是我在表格裡說得不清楚吧。」阿哲沉思了一下，「我也不知道該怎麼說，反正狀態就是不太好。陪孩子的時候，還會有一些快樂，或者公司有個什麼緊急的任務，我也會興奮一下。但是在一般情況下，我就總覺得挺無聊的。」

「這樣的情況是從什麼時候開始的？」我繼續問。

「去年年底吧。公司進行業務調整，我本來在部門裡負責一項重點專案，團隊也有十幾個人，不知道什麼原因，說砍就砍掉了。」

說到這裡，阿哲似乎有些失落，「雖然在這之後，待遇什麼的都沒有改變，但每天去了公司，不是教育訓練，就是開會。就連加班，也好像是沒事找事，生怕我們閒著。」

喝了口水，他繼續說：「從那以後，我的狀態就開始不好了。也不知道是什麼原因，總有危機感，老是擔心萬一將來被公司裁了怎麼辦。都說做我們這一行的有『三十五歲效應』，現在的年輕人成長都這麼快……」

「那麼，你周圍的同事呢？他們到了你這個年齡，一般都會做什麼？又有什麼發展？」我問他。

「我想過這個問題，不外乎兩種可能。一種就是晉升，從帶一項專案到管理一條產品線、一個事業部，然後慢慢進入管理層。但是這種可能性的影響因素特別複雜。有時候，靠的可能是能力、資源、人脈，還有些時候，靠的可能是機遇、資訊、偶然性。有人擅長逢迎拍馬、投機鑽營，似乎也能起作用。」阿哲搖搖頭說，他看不懂，也做不了。

「另一種發展可能就是跳槽，去別的公司做專案經理，然後看看有什麼新的機會。但是行業大勢如此，跳槽就像是球員轉隊，想要碰上好老闆、碰上好機會，可遇不可求。之前的同事也似乎沒有什麼特別驚豔的發展。

「這也正是我無奈的地方——難道就沒有別的路徑了嗎？我覺得自己就像是在等待審判，不知道審判結果如何，沒有標準，沒有目標，所做的各種努力似乎又都是徒勞的逃避。」說完這些，阿哲無

奈地搖了搖頭。

「你好像不想逃避。你對自己有什麼期待？」我問他。

「當然了，我怎麼能逃避呢？」他顯然有點激動，「當初，我算是我們系裡面書念得最好的，我也一直特別熱愛這個領域。我和那些混日子的人不同，雖說自己衣食無憂，可不想就這麼等著退休，更不願意被淘汰掉。」

我感受到了阿哲的期待。他期待自己能夠展現更大的價值，只是此時擺在面前的機會非常有限，這讓他感受到了職涯瓶頸。

一般來說，對自己的職涯發展有成就期待的人，往往擁有閃亮的過去，這會讓他們對自己的價值評估有更高的追求。或許，他們曾經執行力特別強，專業技術高超，是個「兵中之將」；或許他們曾經接受過別人難以應對的挑戰，攻克過難關，是個「技術專家」；或許他們有使命感，有領導力，只要有歷練的機會，說不定可以成為「領導者」。

然而，正是因為沒有調整好在不同生涯發展階段的重心，沒有做好準備，沒有及時提升自己的資源，才會出現職涯發展的瓶頸。來做諮詢的阿哲，並不算很晚。

「說一說這十年的職涯經歷中，那些讓你印象深刻的閃光事件吧，就是讓你最有成就感的事。可以很大，也可以很小，但一定要讓你印象深刻，記憶猶新。」我決定從這裡突破。

「這些年來做成的案子也不少，在公司、部門裡，都能被大家

認可。那我說一件別人不覺得有什麼，但我自己感覺很自豪的事情吧。」阿哲若有所思地說：「那是前年，我們公司投標一項專案，身為技術負責人的我去支援業務部門的工作。投標階段，每家公司都各顯其能。於是，客戶要求各家公司做一項性能測試。我們的設備在綜合指標表現上是最好的，然而不知道為什麼，進行壓力測試的時候，忽然出現故障。我連夜處理，排除了故障，並把技術問題進行詳細的說明，寫成報告，發給了客戶。事後，業務同事還抱怨我：故障是在半夜出現的，即便不說，客戶也不見得能發現，為什麼還要專門報告呢？但是在我看來，一方面這是真誠的表現，另一方面這也是一種擔當。後來，客戶還真就選購了我們的產品。客戶說，就是從我的報告中看到了我們公司的專業度。」說起這件事，阿哲顯然很自豪。

「敢於承擔，能打硬仗，這就是你的發光點。」我一邊總結，一邊看著阿哲，他頻頻點頭。

「那麼，具備這樣優點的人，敢於承擔、能打硬仗，在通訊產業裡、在你們公司，一般都在做什麼？」我進一步提醒阿哲。

「海外部的一些專案經理是這樣，新專案的一些負責人是這樣，還有一些特別有魄力的事業部老總也是這樣。」他似乎明白了什麼。

「你和他們的區別在哪裡？」我繼續問。

「以前，我只是覺得或許是我沒有機會，或許是因為我的經驗不足。現在想來，這樣的機會需要我去爭取。經驗，也需要盡快累積。」阿哲說得很慢，大腦卻好像一直在高速運轉著。

「或許是吧。」

我附和了一句，然後繼續推進。

「在職涯發展的過程中，不同階段要發展不同的能力，才能發揮不同的價值。剛開始的時候，執行力強、技術高超，就是最好的專業表現。隨著年齡增長，經驗越來越豐富，開始成為職場中堅力量去挑大梁的時候，就需要能夠做決策了。越是到了職涯發展的後期，越是需要顯現出一個人的職業素養，比如意志力、決策判斷能力、格局與視野、資源整合能力等，這才是在這個階段最需要展現出來的價值。」

「那，如果我沒有表現機會呢？」阿哲顯然是聽進去了，此時的提問已經不再是迫切得到一個答案。這個問題像是在問我，也像是在問他自己。

「機會一直都在，只是需要有準備的人去爭取。如果你看到了未來的發展方向，正要去爭取這樣的機會，那麼接下來會怎麼做呢？」我反過來問他一個問題。

「哦，我明白了。這麼看，也就能理解為什麼公司的那些事業部老總會有那樣的發展了。」阿哲點了點頭，說：「其實，每當遇到特別有挑戰性的工作、新專案需要研發、新市場需要開拓，就是一個人驗證自己的價值，獲得新發展的時候。」

「是的，把思路再放開一些：機會一直都在，即便不在你的部門，也可能就在你的公司；不在你的公司，也可能在業內別的公司。凡是發展迅速的領域，凡是需要人才的領域，就一定有你的用武之地。**關鍵是，你要知道如何發揮自己的優勢，如何累積自己的價值，如**

何把握機會。思路打開，瓶頸就不存在了。」

諮詢結束，阿哲如釋重負地離開了。

❀ ❀ ❀

半年後，他傳訊息給我說，已經開始負責一件新專案了。雖然並未升職，但是他說，新專案充滿挑戰，他已經在為下一次機會累積經驗值了。

【轉角看見】

要想職涯發展得好，需要具備兩種格局——

·一種是時間格局：

以一生為縱軸，能夠劃分出不同的生涯階段，看出不同生涯階段的重心。

具備時間格局，可以為發展做準備，準備好能力資源，不錯過發展機會，大展拳腳。

具備時間格局，還可以為換跑道做準備，不留戀既得利益，見好就收，靈活轉身。

‧一種是視野格局：

在任何一個領域，具備對行業的深刻洞見，才是高手。這是一種持續累積的專業深度，是在一件件具體工作中，達到的高度與時間的乘積。

在看似繁瑣的細節中，往往藏著未來的趨勢。而對於趨勢的把握，決定了一個人能夠在有限的生涯經歷中達到的高度。

如果不能掌握以上兩種格局，甚至對這樣的格局毫無意識，現實的問題就會讓人迷惘，感覺陷入瓶頸。

打破發展瓶頸的方法，不是向外求機會，而是「向內」升級自己：提升格局，善用優勢，累積價值，原本堅不可破的瓶頸自然就煙消雲散了。

轉行的路上，沒有捷徑

> 在轉行的路上，你要制訂未來三年裡，
> 生活與工作平衡的計劃。

　　轉行，已經是這個時代很多人的訴求了。

　　一來，因為職涯時間變長和外部世界的變化節奏加快，除了一些需要持續累積的領域之外，比如醫學、科技領域，一個人很難在長達三十年的時間裡，長期從事同一種職業了。

　　二來，人們自身的認知成長和需求期待也在不斷調整，甚至在加速調整。上大學的時候或許懵懵懂懂，進入職場就想轉行；十年八年之後，對自己有了新的認知，也有了新的需求，或許又要調整；到了四、五十歲，又會想到要籌劃新的職業路線。一個人的職涯會有幾段不同的職業軌跡，都是常見的情況。

　　然而，轉行並不意味著可以順利獲得成功與幸福。相反地，很多人的轉行是一種無奈與迷惘。賈琳就是因為有轉行的困惑而找到我的。

　　賈琳是一個二十八歲的女孩，大學讀的是市場行銷。畢業後求職

遇上了「就業難」，就從民生消費品公司的基層業務開始做起，後來做化妝品銷售，業績也都還不錯。隨著對業務逐漸熟悉，她慢慢厭倦了自己的職業，覺得除了不斷衝新的業績、不斷開拓新客戶、挖掘新的銷售管道，似乎並無新意。於是，她就想透過轉行來改變人生軌跡。

「有轉行的想法已經好久了吧？」我開門見山的問題，讓賈琳有點驚訝。

「是的，從一開始，我就有疑問：我真的適合做銷售嗎？但是後來，覺得自己也能做得來，收入也都還不錯，就沒想那麼多了。不過，這兩年感覺自己年齡大了，有點做不太動了，開始考慮要結婚成家，就對這份工作有了厭倦。但是，又不知道該做點什麼。」

「那你有過什麼嘗試嗎？」

「我瞭解過網路業、投資、培訓，但是感覺似乎都不太適合我。」

「為什麼這麼說呢？」

我想，最初選擇進行嘗試，一定有某個地方對她有吸引力。但最終認為「不適合」，一定也是因為某些地方在探索中遇到了阻礙或者有別的新發現，這些都是值得深掘下去的地方。

「我嘗試著去做這些職業，但似乎接觸到的經驗並不是很好，起步比較難。若要從頭開始，就會又返回到經濟拮据的狀態。」

原來是這樣！她不知道，這是轉行一般都會遇到的階段呢。**轉行，是因為對未來有更為美好的期待，殊不知，轉行繞不過去的就是成**

本和風險。 如果滿心歡喜地衝出去，遇到風浪，花了成本，就退回來，那無論如何也遇不到最後的美好。

或許，這也是一種考驗吧。如果目標不確定，如果付出不盡力，可能就證明不了轉行的決心，自然會被淘汰。

「轉行的起步難，是正常的。」我和她解釋道：「你要瞭解新領域，還要做最基礎的能力資源準備，然後去尋找可以證明自己的機會。只有展示你的價值，才會逐漸被新領域認可，拿到應有的回報。這中間，你的投入越多，拿到回報的可能性越大，轉行的時間就越短。如果只是兼職地瞭解一下，那勢必會遇到重重困難。」

我接著解釋道：「就像是你要登山，選好了山峰，面前有好幾條路徑。你每條路都試探著走，然後發現不是有猛虎攔路、懸崖峭壁，就是有天塹阻隔……每條路都有風險。於是，就害怕了，退縮了，給自己的結論就變成了──不合適。」

「這麼說，不一定是不適合，而是我需要更加努力！」賈琳有點興奮了。

「還需要勇氣。」我說：「當然，不是魯莽，而是『心中有所追求』的勇氣。來，我們一起看看你心中的那份追求是什麼吧。」

我開始和賈琳一起重新梳理她過去的職涯經歷，探索她在其中的感受。

我們發現：銷售工作給她帶來了很好的物質回報，她也在創造了令人羨慕的業績的同時，感受到銷售工作的瓶頸。業績的持續要求

並不能給她帶來成就感,反倒讓她在緊迫感中,慢慢喪失了自我,於是她想找到一份能展現自我價值的工作。

什麼是「展現自我價值的工作」呢?

每個人對於「自我價值」的定義都不一樣。有人認為,更高的業績,就是自我價值的展現,因為那可以證明自己很厲害。有人認為,挑戰別人難以完成的工作,就是自我價值的展現,因為那可以讓自己有成就感。有人認為,能夠晉升到更高職位、帶領更大團隊,就是自我價值的展現,因為那可以讓自我價值得到放大。還有人認為,能夠幫助到別人,就是自我價值的展現,因為那可以讓自己的優勢得以發揮。

賈琳的自我價值是什麼呢?

「說說看,在你所瞭解的職業中,吸引你的共同點都有什麼?」我決定先從興趣點著手。

「這個我分析過,我喜歡與人溝通的工作。一方面,我之所以能把銷售工作做得還不錯,就是因為這一點──我愛跟人談話,聊他們的需求,看看我們產品的哪些功能可以滿足他們的需求。另一方面,我不喜歡銷售,就是因為總有業績要求,這讓我很有壓力。我喜歡一種從容、優雅的生活,在這樣的生活中,我是憑著自己的能力吃飯,做著我喜歡和擅長的事情。這些事情都是由心而發,可以給別人帶來價值的,而不再是為了說服別人購買或以談成訂單為目的的事情。」

賈琳的描述已經有了大概方向,「溝通」、「擅長」、「滿足價值」、

「從容」，這些不僅僅是一種美好的想像，而是有體驗的感覺。看來，在她過去的探索中，應該出現過讓她心動的職業。

「你剛才說到了，嘗試過好幾種職業，我們不妨一個個來看它們與你的契合度。」在過往的職業中，或許就有她想要追尋的蹤跡。

我開始和賈琳一起分析她所經歷的種種嘗試：從銷售到管理，從培訓到心理學，從投融資到參與創業。

在諮詢中，這樣的體驗就像是諮詢師駕駛著飛機，帶著來訪者勘察地形，在來訪者目之所及的範圍內，飛行高度不斷拉高，再拉高。直到來訪者忽然感覺到「這就是我喜歡的風景了」，目標也就大致確定了。

這個過程並不簡單。曾經，賈琳嘗試過從銷售轉做管理，希望能夠透過升職帶團隊，來獲得更大的發展空間。但在嘗試的過程中，她又糾結於自己帶領團隊的能力是否足夠，糾結於如果一直做管理，自己的收入可能會減少。不過這段經歷，也讓賈琳有了關於自我價值的更多體驗，於是開始學習心理學。她的糾結不外乎：能力、門檻。她看重的價值也很明顯：助人成功帶來的成就感。繼而她又探索投資、探索創業，後來拿不準的原因，是因為風險。

在這段過程中，我發現，答案其實早就在她心裡了：她想做培訓師。因為培訓師可以發揮她的溝通表達優勢，還可以滿足她幫助他人的價值訴求，收入也還可以，更加自由。

而之前之所以猶豫，主要是因為在初步瞭解後發現，很多培訓師都有著非常光鮮的教育背景或者職業背景，而自己似乎都不具備，

於是就打了退堂鼓。後來她轉向投融資和創業，可是發現別的路徑也不好走，甚至過程中充滿了痛苦，讓她更加迷惘。找來找去，最終變成了不停地打轉。

確認一個目標，需要獲得價值滿足，同時能力資源可以提供支持。在她看來，價值是滿足了的。但是能力不足，一出門，就遇到了山。然而事實上，這兩個方面都是需要確認的：以為價值可以獲得滿足，並不一定是真相；而那座山，或許也只是一種障眼法。我需要和她確認這個目標。

「你是如何瞭解『培訓師』這個職業的？」

「我們公司經常辦一些教育訓練課程，業務人員培訓、管理培訓、個人成長培訓都有。我就挺喜歡講師在講臺上和大家分享的感覺。後來也和一些培訓師有溝通，發現他們其實也挺辛苦，要跑來跑去，要持續學習，要打造個人品牌。我覺得，如果自己真要做這個，路還挺長的。」

「拋開具體的成果不說，那些都是需要慢慢累積起來的，別人能做到的，你也可以透過努力做到。我們需要先從基礎來看看職業需要的基本要素，你是否具備。然後，我們再看這是不是你想要的。」

有時候，人們放棄一個選項，只知道是因為難，而不知道為什麼難。

我和賈琳一起分析了她的能力結構與培訓師的職業能力要求。我們發現，她的學習能力、表達能力、應變能力都不錯，積極分享、換位思考的同理心也都具備。表面上，是卡在了光鮮的職業背景，實質上，是相關的管理經驗不夠豐富。這些是障礙，而從另外一個

角度來看，也是努力的方向。

「你知道，對於培訓師來說，光鮮的職業背景意味著什麼嗎？」我沒等她回答，自問自答起來，「意味著學員對你的信任。你有相關的素養、背景、經驗，學員才會在沒有聽到你的課之前，就對你產生信任，才會走進你的課堂。同時，客戶也才會選擇你。而到了你具有很高知名度的時候，名字就是知名度，就不再需要亮出背景了。所以，光鮮的職業背景不是為了嚇唬人的，我們得找到你將來要建立品牌的領域，然後需要從這裡著手累積。」

賈琳頻頻點頭，「哦，我明白了，這麼講，我就踏實多了。我是願意一步一步累積的，只是之前以為自己永遠也達不到呢。」

接下來，我就開始和賈琳分析作為培訓師可以涉獵的領域，結合她自己的經歷，開拓視野，找出幾個領域，再結合每個領域可能需要累積的背景，進一步篩選，找到適合她的職業的未來版圖：個人成長領域。至於具體的培訓內容，則需要她嘗試了之後才能知道。

「接下來的計劃，有想法了吧？」我進一步推進。

「嗯嗯，是的。我要先廣泛參加各類培訓，從中選擇自己喜歡的課程，可以深入下去的，就持續學習，再看看是不是需要系統化地學習別的內容。然後就找機會開始實際進行。這麼看來，現在的工作還不能離開，一方面可以為學習提供經費保障，另一方面也能嘗試著套用在工作上。」看來，她已經胸有成竹了。

「有兩點需要提醒你。首先，好的培訓師往往具有個人魅力，所以，同一種內容的課程，至少要參加兩位以上講師的課，才能決定

是否選擇該課程，不是因為選擇人而選擇課。另外一點，根據目前篩選出的大方向，你最好從銷售的位置轉到管理上來。雖然銷售能給你帶來更好的經濟回報，但是從將來的目標考慮，直接接觸團隊管理、直接與人打交道，對於你累積經驗更有價值。」

「太好了，這兩點提醒很有價值。」

「別忙著高興。未來一兩年裡，你會很忙的，要學習、要做管理、要開始著手進行，還要抽出時間來熟悉新的領域和圈子，後面可能會很辛苦。」我要幫她打個預防針。

「沒關係的，有了動力，這些都不是問題。」賈琳信心滿滿。

「接下來，我們要制訂一下『未來三年裡，生活與工作平衡』的計劃。」

「這是贈送的諮詢？」賈琳開玩笑說。

「不，這是轉行路上必須要考慮的面向。」

轉行的風險大、成本高，本來就需要很多的資源投入。如果此時又遇上生涯角色重疊轉換，可能就會感到左支右絀，力不從心了。到時候，很有可能轉換失敗。對於賈琳來說，最大的風險還在於她的年齡和性別對職涯發展的影響——三十歲左右的職業女性都要面臨的婚育問題。這個風險足以在關鍵時刻，讓她重新質疑，重回迷惘。所以，關於生涯平衡問題，本就應該在這次諮詢中提及。

問題倒不難，不外乎就是提前做計劃，安排好節奏，做好取捨，找到每個階段的重心。預則立。

諮詢完成，我舒了一口氣。我在想，轉行是一件「簡單」的「難

事」。是什麼禁錮了我們職涯發展的可能呢？是既得利益、未知風險，還是轉換成本，抑或是定型心態？

　　不管是什麼原因，如果把轉行真的當作一個夢想，就會勇敢得多；把轉行當作一個需要努力才會實現的夢想，就會坦然得多。

✤ ✤ ✤

　　兩年後，賈琳發來一門培訓公開課的網址連結。

　　她說，她已經開始嘗試著做小範圍的內部講課了。

【轉角看見】

轉行，不應該只是為了擺脫什麼。而是當發現新的生涯階段要追求的價值，在現有的職業上無法獲得滿足的時候，就可以考慮轉行了。

· 轉行時遇到的困境，不外乎這麼幾個：

1. 對業外的資訊瞭解有限，沒有確定的方向可以追尋。

2. 可能有感興趣的領域，但只是限於直覺上的興趣，能不能成為工作還不好說，擔心轉行失誤。

3. 轉行有成本，現狀不允許，面臨各種生存和平衡的壓力。

．制訂轉行計劃的步驟：

1. 綜合考慮轉行的成本、風險、價值，確認只有轉行才是自己當下職涯發展的唯一路徑。

2. 透過對每一個選項的價值分析，確認轉行的具體目標。

3. 盤點自己的資源（能力、經驗、人脈等）。

4. 在現狀到目標之間，找到差距，整合資源，開始行動。

轉行的路上永遠沒有捷徑，有耐心才最快。

技術精通者的瓶頸突破之路

> 職涯發展中的很多不確定因素不是個人能控制的，
> 只有「不斷地突破」，才是自己能左右的。

在生涯諮詢中，我經常會遇到以下這兩類具體的問題：

· **第一類問題：關於行業的判斷——到底哪一種行業更有前途？**

我當然知道行業的選擇和一個人的職涯發展密切相關。但是，我也知道，這兩者之間並不是簡單、直接的正相關。有人說，趕上風口，豬也會飛，亦即抓到關鍵點，順勢而為。而現實情況是：豬願不願意飛？能不能正好趕上風口？風停了怎麼辦？還有，如果不是豬呢？所以，雖然某一個行業有沒有前途很重要，但每個真實的個體在其中會有怎樣的發展，卻不僅僅依賴於此。

· **第二類問題：關於職業方向的選擇——特別是關於管理路線和技術路線兩者之間的選擇。**

有人是基於自己的能力弱點進行判斷：認為自己不善與人打交道，

不敢管人，就不能做管理。有人則是基於可能的價值進行判斷：做管理可以發展得更長久，可以有更好的經濟收益。有人是基於發展瓶頸做判斷：做到一定的程度，技術專家就會被淘汰，要趁早轉型。

對於行業發展和職涯方向的選擇，並沒有一個絕對正確的標準。每個人的優勢不同，傾向的價值不同，內在動力不同，自然就會有不同的選擇。我們不要忽略的另外一個事實是：**不管是什麼選擇，接下來，都需要透過「發展」來推動自己的職涯。**多年後的職業狀況，並不是在選擇確定之後，就能決定了的。

章程就是一個處於「朝陽產業」，正在糾結選擇哪個方向的人。所謂朝陽產業，是指一些發展勢不可當的領域，比如網路、電商、生物醫藥、人工智能……一般來說，這樣的行業總是具備這些特點：人才濟濟、競爭激烈、機會多、發展快。在這些領域裡工作，成長快、壓力大、選擇多，困惑也會多。

章程三十歲，是技術工作者，從一般工程師做到了技術精通者，後來開始帶團隊，當了三年的專案經理。這個年齡，在朝陽產業正是職場的中堅力量。

「趙老師，我感覺我的職涯發展需要有一次突破了。」章程開門見山地說道。眼前的這個小夥子英氣逼人，自信而堅定。

「說說你的具體想法。」我好奇他對於自己發展的考慮。

「在我這個階段，技術發展有了一些累積，也有了一些帶團隊的經驗。我需要做一個決定：做專家，還是從事管理？這將決定我未

來十年的職業走向。」章程說出企業內發展通常會遇到的兩個方向。但我想知道的是,這兩條路線在章程的工作環境裡,意味著什麼。

「能不能具體說一說,你對這兩個方向的考慮?」我進一步詢問。

「雖然是技術出身,但我對管理也很感興趣,平時喜歡研究管理、戰略之類的學問。如果從事管理,我想成為一個有決策權的管理者。如果做專家,我覺得也不能光是解決具體的技術難題,只是寫寫程式而已,而是要有一定的話語權。」章程又補充了一句,「這兩個目標好像都和『影響力』有關係。我想,是不是這兩條路線繼續發展的一種必然結果呢?那該怎麼選?」

看來在諮詢之前,他已經有了深入的思考。「你的這個發現很好。那你在兩個方向的選擇上,有什麼顧慮呢?」我猜想,他是不是有了具體的職位選擇機會。

「我的顧慮是,兩者發展起來的區別是什麼、如何做準備。」

他是在未雨綢繆。看來這兩個選項對於章程來說,價值趨同,所以他才會糾結。

我和他確認道:「這兩個選項對於你來說,最大的價值,是不是都是『影響力』?還有別的考慮嗎?」

「別的沒什麼了。從經濟回報來說,兩條線發展起來也差不多。我希望自己能更有影響力、更有成就感,不會被淘汰,反而更有價值。」

我聽得出來,他的想法很清楚。

從事管理和做技術,雖然在許多企業中有很多的融合,比如技術型的管理者,管理一個技術團隊的人,一般也都是技術高手。但是

作為不同的發展方向，在具體職位上是有很大區別的，特別是在更高一層的發展上，側重點會有不同。

管理者的工作對象主要是「人」，而專家的工作對象主要是「事物」，這是最大的區別。這一點也決定了兩條路徑發展的重點不同：管理者需要提升管理團隊的能力，需要訓練對人的敏感；而技術專家需要提升系統化的思考能力和研發能力。這個視角，主要還是從「能力」來看的。

我和章程溝通這些，他非常清楚。「您說得很對。這樣的話，如果現在來了一個機會，我該如何選呢？」

既然職涯發展方向的價值可以確定，那在具體選項的選擇上，就需要結合具體的資源了。

「單純說選項，很難做選擇。我們一起來看看你的優勢吧。」於是，我就和章程從大學開始梳理起來。

章程考大學時所選的科系是機械製造，進了大學，他就後悔了，覺得自己不喜歡這個系。於是就刻苦學習，終於在大一結束的時候，如願以償地轉到了資訊工程系。他說，整個過程都是自己申請的。看來，這是一個很耐磨的人，有魄力，也有很強的內在驅動力。

大四的時候，章程加入一個創業團隊；為了創業，他沒有選擇大公司，放棄高薪。雖然兩年後，創業以失敗告終，但是幾年的創業經驗讓他得到了不少歷練，最後一年，他已經成了團隊的技術負責人，有不少技術難題都是他帶著團隊攻克的。這也為他找下一份工作做了充分的準備。

創業雖然失敗，但章程憑著自己的技術能力順利應徵進了一家業內的大廠。之後，又藉著技術優勢，一路升職，成了部門的「技術專家」。

昔日的成績分析完，章程的困惑也浮出水面：以往的經歷顯示，他具備更多的是在技術方面的優勢，是不是就要在技術路線上發展呢？

我問他：「你是怎麼想的呢？如果有這種技術職務的升職機會，你會選擇嗎？」

「這也正是我糾結的地方呢。」章程說：「按理說，在技術路線上發展，也沒什麼不好。剛才我們也說了，發展到一定程度，不管是技術還是管理，都要既懂技術、又懂管理，而且價值回報也都差不多。但我還是不安心，總覺得自己是在被外界推動著走，沒有掌控感。」

我很理解他的這種「沒有掌控感」。很多人都期待自己能夠在卯足了勁，準備使力的時候，看到一個接一個的目標安排，有一份可以直達終點的「計劃表」。但實際上，越是向上發展，影響因素就會越多，可掌控的可能性就越小。

我要幫他找到一種更為本質的掌控感。

「拋開其他的因素不想，僅僅從工作內容上來說，你對人的興趣更大，還是對事物的興趣更大？」

「好像是對人更感興趣，我曾經還想嘗試銷售類的工作。我是不是因為沒做過，因為好奇，才會對這些工作感興趣呢？」章程回答了一個問題，又提出了一個問題。

　　停了一下，他又說：「畢竟沒有專門做過更高一層的管理，我不知道，我對於管理的期待，是不是就是因為好奇？或者說，我對於只做技術、繼續走技術路線，有些不甘心？」

　　「從剛才我們的分析來看，你的過往經歷已經展現出你的魄力強、內在驅動力強，有自信、有毅力，在攻堅克難時，又善於調動資源，這些都是很好的管理能力和領導能力的基礎。然而，一邊是你可以預知的技術路線，一邊是你有更多好奇、卻缺少經驗的管理路線。兩條路線都有難度，都需要投入和專注，你的糾結有更多是關於風險的，想要風險更小、價值更大及滿足期待。」我頓了頓，接著說：「而且還有很多期待，是你現在很難明確表達出來的，比如運用技術背景去進行管理，做更有價值的決策判斷，獲得更大的成就感。」

　　章程頻頻點頭。「是的，是的，非常精準。我知道自己為什麼糾結了。」很簡單，他就是想要更多的「確定性」。

　　他想了一下，又問：「可是怎麼實現呢？是不是就需要摸索著前進了？」

　　「這件事，你沒有明確的路徑，我也沒有明確的路徑，換個角度來看，你的老闆、同事也都沒有明確路徑。這是為什麼呢？」

　　我喝了口水，在紙上邊寫邊說。

　　「兩個原因：第一，你需要呈現出更為明確的成果，進而展現出相關性強的能力，才能呈現出你的優勢。第二，需要有外界的機會，這個機會有計劃因素，也有偶發因素。」

　　我繼續說：「關於第一個原因，你正是因為不曉得方向是什麼，

而不知道如何呈現、如何作為；而你之所以不曉得方向，又是因為不具備具體的經驗——這就陷入了一個不可知的循環。既然現在具備了相關的潛質，為什麼不嘗試著去探索，去獲得這樣的經驗呢？實際上，對於你來說，已經有了很多關於技術專家的歷練，你需要的是，發展更多團隊管理的經驗，累積相關的能力，然後再做決定。

「對當下的你而言，之所以難做判斷，是因為資源的缺乏。這個資源主要並不是外界的資訊和必勝的策略，而是你的『內在資源：經驗、信心、能力』。」

「是啊，我之前總是想要選定一個方向，好深耕並仔細投入，持續發展。現在看來，需要先發展，才會選擇。」章程若有所思。

「深入耕耘、仔細投入是沒錯的，但你要注意，是針對一個領域，而不是一種技能。即便在一個職位上，你也要關注多種能力的提升，否則就很容易變成流水線上的一環。這其實也是累積自我價值的一種方式。」說這話的時候，我看到章程的眼睛閃了一下。

「那我們來看看如何在深耕細作中累積價值吧！」章程有了新的提議。

經過一段時間的討論，我們最後擬定了一個工作計劃，在平時的工作，章程會注意兩點：

・第一是充分授權：

把自己已經熟悉的工作盡量授權給同事，替自己留出空間。一方面可以讓自己做更多拓展，一方面可以提升自己帶人的能力。

人們不願意這麼做，是因為越是熟悉的工作越能帶來掌控感。與

此同時，職業價值也會在熟悉感中逐漸降低。還有的時候，人們不這麼做，是因為不會帶人，時間久了，就只是讓自己的技術能力越來越強，而選擇的可能性卻越來越少。學會「充分授權」與「有效授權」，這本身就是提升領導力的好方式。

・**第二是創造突破的機會，拓展、提升自己：**

授權之後，留出的空間，就要用新的突破來填充，讓自己可以琢磨更多工作上的創新和發展。把看似平淡的工作做得更加精彩，主動申請更有挑戰的工作，這些都是可以累積的價值。同時，這也能給自己機會去創造更多經驗，好在一次次突破和嘗試中，發現自己究竟「更適合」以什麼方式發展。

分析之後，章程感慨道：「原來，我想要的就是一份安心啊。其實我也知道，職涯發展中的很多不確定因素不是個人所能左右的，一個人要想有更大的發展，就得不斷累積自己的價值。但我還是忽略了關鍵的一點：**只有『不斷突破』，才是自己能左右的。**我不再糾結了，說來說去，繞了一個大圈子，還是需要更踏實、更用心。只不過，現在的我和諮詢之前不一樣的是：抬頭看路之後，不再焦慮。我知道，路在腳下。」

❀ ❀ ❀

半年後，章程出現在我的課堂上，看到我，他上前來打招呼。「趙老師，我已經開始關注團隊的管理了。我發現，個人的生涯發展是每一位管理者都需要關注的。個人的生涯發展弄清楚了，對於組織發展很有價值，這是一件雙贏的事。我是深有體會啊，所以我來向您學習。」

看來，章程找到屬於自己的路徑了。

【轉角看見】

選擇技術路線還是管理路線的糾結，其實是對「未來發展方向」的糾結。

對於未來方向的判斷，我們可以回顧過去，梳理資源；可以朝向未來，盡情想像自己的追求；可以向內，分析天賦與熱愛；可以向外，基於別人的經驗，看看可能的價值。

然而，不管如何分析，我們都需要直面一種不確定的未來，以及由此帶來的關於確定性的糾結。

很多時候，我們的糾結，源於我們對未來的焦慮和假想目標難以取捨，也源於沒有足夠的資源和能力去做判斷。

解決這種糾結的方法就是：先把路走出來，目標自然就確定了。

醫學博士的尷尬與意外

> 如果設定一個期限，你可以順利轉行、有更好的發展，
> 多長時間是你能接受的？

換工作、跳槽，對於職場人來說，司空見慣。在原有職業進入瓶頸而到了平原期的時候，找到生涯發展的第二曲線，平穩過渡，也是很多人在四十歲之後的選擇。遇到自己喜歡的工作，發展為兼職，甚至成為第二職業，也是很多人的期待。

可是，一種發展穩定的職業，一個高門檻、高度專精的領域，一份大家都很看好的工作——如果這樣的人也想要換跑道，是不是會讓人有點意外呢？內科醫師想要轉行做心理師，通訊工程師想要轉行做 HR（人資），金融操盤手想去當作家，在我的諮詢室裡，這樣的案例也並不少見。

其中，醫師、護理師是來找我做諮詢的一類典型職業。考大學填志願的時候，有的家長看到了白衣天使受人尊敬，看到了收入穩定，可是卻沒有看到，醫師或許不是孩子自己喜歡的工作。沒有看到這是一個需要拚命學習、持續讀書、坐冷板凳的職業，進來很難，想

要跳出去也是很難的。

　　正宇就是這樣的情況。醫學博士，畢業後做了兩年醫師，學歷高、職業好，在級別最高的醫院就職，足夠讓別人羨慕的了。但我從他那裡聽到的，卻都是抱怨：太辛苦了，各種加班，特別是在急診，經常需要連續輪班。原本熱愛學習、喜歡做研究的他，現在連在診間看病的時間都不夠，更沒有時間靜下來讀書。而收入也不像很多人以為的那麼好。同時，還要承受巨大的壓力，面臨微妙的醫病關係……

　　我想，身為醫師，能來找我諮詢，說明他已經是經過深思熟慮，至少是反覆糾結、不斷掙扎過的了。

　　「趙老師，您就別再告訴我如何調整狀態，如何適應現在的工作了。」果然，正宇非常果斷，「我能抽時間來找您諮詢，也不容易。在來之前，我已經反覆思考過了。現在的狀態，對於我來說是備受煎熬。如果能適應，我早就適應了。其實說實話，我適應得還不錯。只是，我越來越發現，我的興趣不在當醫師上，這個職業讓我體會不到滿足感。」

　　正宇非常堅決地說：「不瞞您說，我做了不少功課，自學了一些職涯規劃的書，不過有些道理似乎能懂，但不會應用，自己的事情想不明白。我來找您諮詢，就是希望看看有什麼辦法可以讓自己順利地切換出去，跨行業轉職。這種可能性到底有多大？如果最後確認真的不行，那我也就死心了。」

　　看來，轉行，是正宇現在最主要的訴求了。他找到我，肯定不是

要我指一條「明路」這麼簡單。我需要做的，就是順著「轉行」這個訴求，把來龍去脈幫他梳理明白。

「你對現在這份職業的不滿，我大概瞭解了。其實，這只是一種職業的部分特徵而已。你比我更清楚，做醫師的，拿到『副』字輩以上的職位，工作就會輕鬆一些，價值感也會更強，這又是一個越老越吃香的職業。你在這條職業道路上已經做了足夠多的準備，可以說，如果轉行，沉沒成本挺大的。那麼，是什麼原因讓你下了這麼大的決心呢？」

「是的，趙老師，您說的都對。這也正是我糾結的地方。」此時的正宇沉下氣，慢慢地描述起來。

「一方面，我之前做得一直都不錯。不僅學歷高，而且工作方面也做得挺好，能力得到了同事、患者的一致好評。但另一方面在偶然的機會，我接觸到醫療管理顧問領域，立刻就喜歡上了。對我來說，這是一個讓我既興奮、又有些迷惘的可能性。」

「為什麼興奮？又為何迷惘呢？」我問他。

「因為這個領域涉及管理，對於業界的洞察、市場的判斷與人性的理解。我一接觸就喜歡上了。怎麼說呢？如果說做醫師是謀生，那做管理顧問，對我來說，就是事業。」正宇說：「而迷惘呢，是因為我畢竟只是憑著感覺認為自己喜歡這樣的事情，但是具體地成為工作，風險有多大、有沒有適合我切入的時機、怎麼切入才能把之前的資源整合進來，這些我都不清楚。」

正宇說出了轉行者的尷尬：**原本的職業對自己來說似雞肋，食之**

無味，棄之可惜。可能的職業又像霧裡看花，好像挺美，畢竟模糊。

「就你所知道的，醫師和醫療管理顧問之間有什麼關係？」

「關係還挺密切的。目前國內的很多醫院管理都很薄弱，各個科室的管理都是由專家來做，他們缺乏管理經驗，一般都是憑藉著業務經驗進行管理。所以，做醫療管理顧問，瞭解醫院的基本情況、可以和醫師有相通的話語系統，這肯定是個優勢吧。當然，醫療管理顧問畢竟是管理顧問，需要懂很多管理的知識，比如人力資源、營運管理、營銷等，這都是一般醫師不具備的。」

看來，正宇做了很多的功課。

「如果設定一個期限，在這個期限內，你可以順利轉行、有更好的發展，多長時間是你能接受的？」

「三年吧。」說完這句話，正宇忽然眼前一亮，似乎看到了什麼希望。

「你剛才也說到了目前職業與理想職業之間的關係。你的迷惘，其實也就集中在兩者之間的差距上。你需要花時間去瞭解、去探索、去累積，這個過程沒有人能代替，也沒有人能承諾。就像你之前選擇讀醫學、選擇做醫師一樣，別人看著都不錯，你博士畢業了，發現自己並不那麼熱愛。」

我繼續說道：「我理解，你或許會想，『我也沒有太多的要求，只想知道那是不是真的適合我，別再做錯選擇，只想知道什麼時候轉行比較好，別浪費資源。』其實，這只是在錯誤地追求確定性而已。準確地說，只是想讓自己心安。因為即便不知道是否適合，你

要做的事情也不一定就會有什麼損失。即便現在不知道什麼時候轉行最好，也不一定影響你在恰當時機轉行。」

看到正宇有點困惑，我盡量說得具體一些。

「你看，你現在也知道，即便給你一個醫療管理顧問的職位，或許你也做不來。為什麼？因為你缺乏相關知識的儲備，缺乏管理經驗，缺乏顧問經驗，這些不足，有些需要進入一份職業之後才能獲得，有些現在就可以做一些累積。另外，從雇主的角度看，他看到的是『現在的你』，一個不喜歡做醫師的醫學博士，對於一個管理顧問職務來說，價值並不相符。所以，即便是一個專業人士也不能告訴你，你什麼時候轉行最好。你要做的，就是**瞄準目標，提升自己的價值，讓自己與理想職業更為趨近。越趨近，那個最好的時機越容易出現。**」

「所以，這三年時間，我可以學習一些管理的知識先準備起來。是這樣的嗎？」正宇已經把關注點的頻道調整到計劃上，而不再糾結於先定好目標、還是先行動了。

「是的，我剛才問你可以接受的轉行期間，就是這個意思。我在幫你找到一種你能夠接受的確定性。轉行不是讀書拿學位，沒有明確的目標，沒有清楚的畢業標準。反倒更像是一趟分段跑，每跑到一個階段點，才會給你下一個階段的地圖。這和你在學校讀書的時候，從上小學就知道如何讀博士是不一樣的玩法。不過有一點是可以確定的，那就是一旦確定方向，就要開跑了。你需要關注目前狀況和理想職業之間『本質』的差異，然後設定時間，開始準備。」

正宇點點頭。「還真是這麼回事。這麼說，我就不那麼著急了。

我之前總是覺得現在的工作再也做不來了，特別是一旦想到了管理顧問，就心神不定，想衝出去，又不踏實；雖然感興趣，又怕走錯路，有閃失。差點就要找大仙算命了。」他開玩笑地說。

「不過，我還是有顧慮，」正宇把身體靠在椅背上，說：「我就只能這麼等著嗎？雖然說平時需要累積、需要學習，但是這樣的學習會很盲目吧？也沒有什麼目標。三年時間到了，我又憑什麼下決定呢？」

諮詢在一步步推進。

「是的，你的擔心很對，三年時間，並不是看書等著，這就是我們接下來要說的『有效準備』了。」

我拿出白紙，一邊寫寫畫畫，一邊講：「剛才說了，我們需要站在『未來雇主』的角度來看。你覺得，一個醫學博士來應徵管理顧問的職位，最好需要具備什麼條件？」

「要能證明其有管理經驗，比如做過科室主任；最好有相關的學歷背景，比如 MBA；最好能有管理顧問的經驗，這是我卡住的點，我最擔心的就是從頭開始，然後發現自己不行，這樣就很難回得來了。」正宇再一次將自己的糾結具體化。

「那我們就繞開那個可能的風險，看看還有沒有別的路徑。」

「我似乎想不到了。」他攤了攤手。

「你有醫學方面的學歷，也有在醫院工作的經驗。現在缺的是，管理顧問所需要儲備的知識和相關的工作經驗。如果你只是本科畢

業，大可以從應徵助理開始做，慢慢來，若是確定累積三年後就能做得很好，你也能夠接受。目前最擔心的就是：辭了這邊的工作，切換了跑道，從零開始，當做了一段時間，發現自己可能不喜歡、可能做不到的時候，再回來，就難了。」

「是的，終於把這個卡住的點找到了。之前老是覺得不對勁，總想找到確定性，原來卡在這裡。」

「那有沒有可能把知識儲備與經驗累積結合在一起，把轉換的決策點往後推，降低轉行的決策風險呢？」我提出問題。

「具體可以怎麼做？」

「你看，在應徵的時候，經驗的顯性化呈現是之前做過的專案。而隱性呈現呢？換言之，如果只是具備潛力呢，那要怎麼看出來？潛力的呈現是需要有人推薦的，也就是說需要有背書，這就需要融入一個圈子。把這一點和知識儲備結合在一起，目標就出現了。」

正宇興奮地說：「對！我可以去讀一個 MBA，看看有沒有醫療管理方向的，或者哪所大學的校友有這方面的背景。或許讀書期間，我就可以參與一些專案，到那時候，我就更有把握了。」

是的，讀書不只是為了學習知識。**一個人轉行，最需要的不是知識儲備，而是要融入一個圈子。最大的障礙不是缺乏經驗，而是循序漸進的路徑。最擔心的也不應該是如何發揮之前的優勢，而是如何迅速通過初始累積期。**

接下來，我和正宇一起制訂了下一步計劃：蒐集資料，準備 MBA 考試；蒐集更多醫療管理顧問方面的資料，找機會去拜訪、瞭解對

方的需求，有目標地準備；蒐集相關的業內資訊，不管是培訓課程、還是業界論壇，有機會就爭取參加，以便瞭解更多的資訊；找到之前的校友，打聽有沒有人在做這方面的事情。

「這下就踏實了。」正宇舒了一口氣，「看來還需要做大量的資料蒐集工作。」

「在蒐集資料的過程中，你的新計劃就會出現。當然，也可能有新的糾結，那我們就再約諮詢吧。」

「感謝趙老師。我覺得此時的我有點像電影《刺激1995》裡的安迪，不再焦慮、不再糾結，非常堅定，剩下的就是行動了。」正宇自己總結道。

❀ ❀ ❀

回去以後，正宇傳了一則訊息給我：趙老師，我發現作家馮唐原來也是醫學博士，後來去了麥肯錫顧問公司，我準備把他當作我的榜樣。

【轉角看見】

職場中經常有這樣的困境：我們能做的不多，可以改變的很少；期待轉行，既擔心前途未卜，又糾結於沉沒成本。這樣的困境讓一些人如坐針氈，如處牢籠，總在想：有什麼辦法可以「越獄」？

·脫離職場困境的思路：

1. 停止抱怨，儘管你抱怨的內容無比正確，但是抱怨對結果往往於事無補。即便將來可能走完全不同的方向，在做出新的決定之前，「認真做事」，就是最好的選擇。

2. 前途不明朗的時候，「蒐集資料，進行探索」就是在累積手中的籌碼。如果期待別人給門外的你一張明確的路線圖，那說明你還沒有真正走進職場人的世界。

3. 進入一個新領域的時候，先問問守門人，門票怎麼賣。不要一廂情願地做準備，也不要盲目地否定自己。

4. 進入一個圈子，是為了能夠更容易買到門票。畢竟進入一個行業的門票，不是出價就能買到的。能力與機會、經驗與背書，都很重要。

5. 抓住機會，驗證實力，成功「越獄」。

6. 有可能的話，總結教訓，下次不再掉入困境。

職場粉領族的創業夢

> 如果不受目前職業選擇的限制,有一份你特別滿意的工作,
> 這份工作會是什麼樣子的?

夢想永遠都是稀有資源。有些人沒有夢想,那是因為從小被嘲笑過、打擊過,再也不敢生出夢想。有些人分不清夢想和「幻想」的區別,整天做白日夢,卻從來不行動。還有些人把「欲望」當成夢想,迷失在與別人的比較之中,活在別人的評價之下。

夢想是一種能力,從產生夢想,到確認夢想、保護夢想,一次次實現夢想,都需要反覆訓練。芮麗就是來找夢想的。

芮麗,女,三十五歲,曾經在通訊業做過業務,對的是大客戶,也做過 HR(人資)。來找我諮詢的時候,剛剛離職。在「期待解決的困惑」一欄,也寫得非常明確:**我想去創業,請老師幫我分析分析可行性。**

我大概明白了,凡是想要創業的人,一般都有著強烈的成就動機,但與此同時,面對可能的風險,又需要有人透過客觀分析,來支持其決策,以獲得安心。

我好奇的是：是什麼動機讓她想要創業呢？她又做好了什麼準備？

見到芮麗，和我想像的不太一樣，溫文爾雅，細聲細語，完全沒有想像中做業務或者 HR 的那種熱烈。看得出來，芮麗還是一個注重生活品質的人，保養得很好，穿著也得體。

「我看到，你來諮詢的目的，是要分析創業可行性。那我們就從上一份工作聊起吧。我特別好奇的是，是什麼原因讓你放棄了一份收入還不錯的工作，準備去做有難度、有風險的創業呢？」我很直接地開始了。

「別看我年齡不大，卻也是職場老兵了，業務做了八年，HR 做了五年，對職務很熟悉了，業績也還不錯。但是，與此同時，我也慢慢感到厭倦，因為工作沒有新意，我就會感覺自己像一個只會工作的機器。其實，並不是工作不好，只是我總覺得自己的人生還可以更精彩。」芮麗的思路非常清晰。

「看來，你對自己已經有規劃了？」

「我想創業，和朋友一起開一家管理顧問公司，主要做企業需要的管理顧問和業務人員培訓。規劃沒問題，只做我們能做得來的，以我們之前累積的資源來看，也會有不少的客戶。」

「還有什麼擔心呢？」

我看到芮麗有點欲言又止。

「說起來，好像沒有什麼可擔心的。不過，我就是覺得心裡不踏實。萬事俱備，又總覺得缺點什麼。動力滿滿，又有點害怕、擔心。」她說，自己也有點搞不清楚了。

我也很理解芮麗的感受。追求夢想時，往往會面臨兩種情況：一種是有明確的目標和願景，而且特別強烈，這樣的夢想往往志在必得。另一種是「逃避型」的夢想，因為不喜歡某種職業或者生活方式，而選擇逃避，或退出一種「遊戲」，想要透過某種並沒有想好的「夢想」來安慰自己。

或許，芮麗就是在這兩種情況之間徘徊吧，她不確定自己是真的有夢想，或只是單純地在逃避。

「那我們一起來看看你的這個創業想法吧。你是從什麼時候開始想到要創業的？」

「幾年前吧。其實當我剛工作，最開始接觸培訓的時候，就有這樣的想法。我發現：原來自己邊做邊摸索的方法，早就有人總結出來，透過教育訓練，一個業務人員可以獲得快速成長。後來，我發現培訓師講的也未必都對，我從實務中可以總結出來一套更實用的方法，於是就在帶團隊的時候應用，發現非常有效。從此以後，我就特別喜歡和別人分享，從中可以感受到非常多快樂。」

芮麗繼續說。

「從那以後，我就把重心轉向了帶團隊。但是尷尬也隨之而來，在公司內工作，總會感到一些限制。我自己學的課程越多，就越想創造更多的機會去實踐，慢慢地，就有了自己轉行專門做培訓師的想法。只是，這個想法一直都不成熟，也沒想到要創業。對於我來說，只做培訓師，似乎還不能吸引我。」說到這裡，她似乎想到了什麼，「對，或許這就是我還不夠堅定的原因吧。」

我問她的問題，竟然把她問住了，可見那些猶豫、糾結一直都在。我嘗試著和她一起看看，內心的那個小火苗是什麼樣子的。

「不管是業務人員、管理，還是培訓、分享、指導別人，在這些過程中，讓你最享受的時刻是什麼？」

「就是在工作中充滿智慧，感受到腦力激盪。」芮麗脫口而出。

「那讓我們拋開所有現成的選項，去想一想：如果不受目前職業選擇的限制，有一份你特別滿意的工作，這份工作會是什麼樣子的？」

芮麗沉思了一下，說：「如果理想的話，我的工作應該是分成三份的。一份是學習，不管是讀書，還是聽課，與智慧的大腦連結，讓我更有智慧；一份是支持別人，我就像一個可以加工知識、創造新智慧的中樞，連結智慧後再去輔導、支持別人；還有一份是思考，我可以沉澱下來，不斷消化，再次創造。」

「如果要從這份工作的三個部分中找到一個核心的關鍵詞，那會是什麼？」

「智慧。」

「對於你來說，智慧是什麼？是工作方式，還是追求狀態，或者是其他的？」

芮麗又陷入了沉思，看來我提示的，都不是她想要的答案。忽然，她像是想到了什麼：「是夢想！智慧是我的夢想！」

好神奇的一個答案。我靜靜地看著她，期待她繼續講下去。

「是的，智慧是我的夢想。」芮麗很堅定地說：「從小，我就想做科學家，學習成績也不錯。上大學的時候，聽別人的意見，學了

商科，然後也就很自然地成為業務。一直以來都還挺順利的，發展也不錯。只不過，越是如此，我越是對自己的夢想有期待。想想看，我也不是非要冒險，也不是一定要有更高的收入，我只是喜歡那種與智慧連結的感覺。」

「如果有一些工作的形式可以承載你所期待的這種智慧夢想，那會是怎樣的呢？」我想，可以幫她落實地思考了。

「這個問題好。我想，我現在所喜歡的智慧，和小時候的『科學家』夢想已經不一樣了，可能是經過了大學專業訓練的原因，我現在更喜歡的是社會、企業、組織、個人發展視角下的智慧。比如，透過幫助個人，激發他們的內在動力、幫助他們消除認知上的阻礙，進而取得更好的業績，實現更好的發展。再比如，透過診斷，為公司提供建議、替公司帶來價值。就拿創業來說吧，我也特別期待透過親自下水體驗一下作為需要獨立負責的創業者，如何面對各種可能性。」

「收入、風險、發展，這些你是如何考慮的呢？」

「其實經過剛才的梳理，我覺得，這些都不是我最想考慮的因素。」芮麗似乎有點放鬆了，身體往後靠了靠，「準確地說，我也並不擔心這些，大不了從頭開始。」

「看來，你已經有了自己的想法。」我點點頭，「那就回過頭來，說說看你對於創業是怎麼看的？」

「創業是我的一塊試驗田吧。」芮麗做了一個有趣的比喻，「我可以把之前想嘗試的種種想法都放在創業裡來試一試，這樣就突破了之前在職場上感到的束縛。我可以支持個人成長、做成長導師，

也可以當企業顧問，為中小企業提供支持，還可以在其中找到其他機會，做『天使投資人』，嘗試投資有價值的標的，支持創業者。是的，我找到了那個讓我有些興奮的點！」

「對於風險呢，我們都知道，創業的風險比較大，雖然這不是選擇時首先考慮的因素，但在現實的創業計劃中，你又是如何考慮的？」

「有兩種保障吧。一種是業務保障。現有的客戶和業務量足夠支持生存，穩穩地做，就有能力活下來。另一種是夥伴保障。我有一位特別好的朋友，我們一起創業，她屬於保守型的，我來做專業研發，她負責業務拓展和後臺維護。我們談好了分工，權責利益的劃分也十分明確，我想，應該就沒有問題了。」看來，她是胸有成竹。

「未來的發展呢？如果你給自己一個美好的未來，而這次創業只是通往未來的第一步，那接下來，會有怎樣的期待呢？」

「或許，我會成為一名專家，或許會成為一個企業家，也或許會成為一位人生導師，像您一樣。」芮麗一邊說，一邊開心地笑了起來，「誰知道呢？給夢想留點空間吧。」

「你對夢想怎麼看？」我特別好奇。

「我很幸運，一直以來都有父母支持我的夢想。小時候，我想要做什麼，爸爸媽媽都會鼓勵我嘗試。後來，上了大學，不知道是對於夢想考慮得少了，還是學業的壓力越來越大了，我反倒很少考慮夢想了。今天的諮詢，讓我重新燃起對夢想的渴望。」

　　因為被安排、被驅動、被誘惑、被逼迫，我們經常徘徊在生存線

附近，內心製造出來的恐慌與焦慮，會讓人自我保護地陷入無意識的洪流之中。一旦有機會面對內心的時候，就會產生倦怠感、空虛感。只有認知提升，生存空間變大，夢想出現，內在的動力才會被激發出來。

芮麗的諮詢很順利，一旦找到夢想，接下來的計劃很容易就制訂出來了。

結束的時候，芮麗突然問道：「我一直都有一個想法，我想環遊世界。現在我辭職了，趙老師，你覺得我可以去嗎？」

「說說你的想法。」

聽完我才知道，環遊世界是芮麗十年前的夢想。彼時受制於經濟條件不好，受制於時間不自由，如今這些都有了，在夢想的激發下，她特別想「瘋」一回。

「那就開始吧！」我鼓勵道：「把這次嘗試當作你重啟夢想的第一步吧。」

❀ ❀ ❀

一個月後，我收到了芮麗的一封郵件：

趙昂老師：

　　非常感謝您為我做的諮詢。上次一個半小時的諮詢讓我清晰而興

奮地摸到了自己的夢想。我已經做好準備,為夢想奮鬥了!

這幾天,我一直想著您告訴我的:夢想的實現並不困難,只要準備好了,就為自己出發吧。於是,我就辦了簽證,並且訂了機票,準備從東南亞開始,從走出國門開始,開啟我為期半年的環遊世界之旅。

附件裡,我把自己的旅遊計劃列了出來,並且希望在旅途中提升自我,獲得成長,為自己未來的職涯夢想做準備。

我很希望得到您的持續支持,我們可以透過網路進行後續的諮詢。感謝您帶我叩響了夢想之門。現在的我,安心而喜悅,對未來充滿憧憬和嚮往。

芮麗

看到這封郵件,我笑了,我知道,沒有什麼比邁出第一步更接近夢想了。在回覆給芮麗的郵件裡,我提出一些問題供她思考,關於創業中的資源整合、關於跑道轉換的考慮。末了,我這樣寫道:

很幸運,你是一個有夢想的人。

夢想會光顧每一個人,只有勇敢的人才會抓住那稍縱即逝的光芒,只有智慧的人才會叩問自己內心的聲音。夢想之路從來都不好走,只有兼具勇敢和智慧的人才會邁開大步,追求夢想,了無羈絆。

生命,在追求一個個夢想的過程中得以綻放。很幸運,我陪你走了這一段。

【轉角看見】

夢想是一顆種子,需要小心呵護,才會落地生根;需要不斷滋養,才能破土發芽;需要精心培植,才能茁壯成長。

一旦長大,夢想就會擁有強大的生命力,長成參天大樹,開枝散葉,開花結果。

自助小工具

★★突破職涯發展困局的方法

從自己的優秀素質出發,在自己的視野範圍內,看看具備這樣素質的人都在做什麼,其中有誰可以成為自己的目標	
從目標和期待出發,在職業價值呈現上,看看自己的差距在哪裡	
如何才能證明自己的職業價值	
儲備價值計劃	
驗證價值計劃	

★★分析轉行的選項

1. 先寫下自己在新的生涯階段要追求的價值。

2. 根據選項，進行細部分析。

選項	可以滿足的價值（對照自己追求的價值）	轉行需要花費的成本（考慮到金錢、時間、關注度，同時還有失去的機會）	可能的風險（可能會影響轉行成功的事件及機率）	綜合（進行綜合評分）
1				
2				
3				

★★尋找夢想

如果夢想久未光顧你的生活，你不妨問自己一些問題：

1. 你的內心是否感到喜悅、幸福？如果是，那是因為什麼？

2. 你是否特別願意為一些事情努力投入，不求結果？是否願意做一些嘗試，不管成敗？如果是，那是什麼？

3. 你是否對一些事情心心念念，看這方面的書、瞭解這方面的人，想要融入其中？如果是，那是什麼？

4. 你是否聽到過一些內心的召喚，覺得這就是自己的使命，或者你就是做這件事的料？如果是，那是什麼？

5. 如果以上都沒有，那你有焦慮嗎？有哀怨嗎？有後悔和遺憾嗎？如果有，那是因為什麼？如果可以在未來扳回一局，如果可以在未來創造美好，那又是什麼？

3 解鎖心智模式，打開更多可能

人生經常被貪婪、焦慮、自卑、恐懼鎖定——
每一把鎖後面，都有一種習以為常的心智模式，
而鑰匙，就在我們自己手裡。

逼出糾結背後的貪心

> 你需要做的是：瞄準一個職位，分析發展的要求，
> 然後有目標地努力。

做選擇，是一件讓很多人糾結到痛苦的事情。之所以糾結，就是看 A 不錯，看 B 也挺好；或者是 A 有瑕疵，B 也不完美，總會幻想著，「如果有 C 該多好啊」。

周翔就是帶著這樣的選擇困惑來找我諮詢的。看名字分不出男女，她三十歲出頭，是一個孩子的母親，舉止優雅，衣著得體，看得出生活條件不錯。擺在她面前的，是一個讓她糾結的職業選擇問題。

在諮詢之前，我先瞭解了她的基本情況：

大學畢業之後，一直在同一家外貿公司上班，工作內容不複雜，待遇也不錯，擁有一份讓人羨慕的工作。於是，結婚生子，家庭幸福，工作順利。

沒想到，生涯無常突然發生。受全球經濟情勢影響，老闆突然宣布：公司即將被收購，部門重組，大半員工要離職。雖然自己不在

第一批裁員之列，但這是早晚的事。何去何從，一下子變成了嚴峻的問題。

雖然周翔之前有好幾次都考慮過離職，想要另尋出路，但是從來沒有真正實行過。之前想離職，是因為工作太過安穩，有的時候會讓她覺得心虛。而最終放棄呢，又是出於擔心自己很難適應更為激烈的競爭。這下好了，即將被裁員，只能逼著自己找出路。

出路還是有的。一條出路就是從事與原來內容相近的工作，比如去其他的外貿公司。這樣的機會也有，不過因為整體情勢不太好，所以即便找到了，可能也要降薪入職。另一個出路就是朋友推薦的一些機會。其中，有一個機會是周翔特別感興趣的——去一家培訓公司做人事管理。

「這兩份工作似乎不相關呢。」我有點疑惑地看著她，希望能從她的答案中找出糾結的原因。

「是不相關。不過，這不都是機會嗎？」周翔的回答很模糊。

原來，因為本來的工作發展緩慢，周翔希望自己有更多的成長，於是在業餘時間，就參加了不少培訓，從專業技能到管理能力、從生活藝術到身心成長，按她的話說，把賺來的錢都「投資自己」了。在這個過程中，因為和培訓公司接觸得多，她就嘗試著無償協助或者做兼職，漸漸結識了不少培訓圈的人。聽說她有求職意向，有好幾家公司都向她拋來了橄欖枝。

「那你對培訓公司的工作感興趣的原因是什麼呢？」離開原有的發展軌跡，一定是新的選擇有更大的吸引力。於是，我繼續探索。

「有成長性吧。」周翔想了想，笑著說：「在培訓公司，至少有不少聽課的機會，以前我就是這麼想的。不過，你現在問起來，我倒是還真得算一算，省下來的學費夠不夠我的薪水。」

看來，周翔對於培訓公司的工作更多的是憑感覺，一種「成長感」，這種成長感還需要進一步弄清楚。於是，我問道：「這幾年，你大概也習慣了利用業餘時間參加培訓。那麼，除了學習之外呢，這份工作吸引你的地方還有什麼？」

她認真地想了想，說：「工作環境吧。周圍的同事都很和善，彼此比較包容，接觸的客戶也都很有素養。有些培訓面對的就是一些高階主管、企業家，我相信從他們身上，我也可以有所獲得。」

「看起來你滿傾向於選擇這份工作的，那還有什麼可糾結的呢？」

我想，如果做出選擇輕而易舉，她也不必來找我諮詢了，那就從另外一邊輕推一把，讓她尋找顧慮所在。

「這份工作薪水不高，只有現在收入的一半。在外貿領域，即便我換家公司，降薪入職，也比這個薪水高。」周翔談到了自己的考慮，「另外，我又擔心，完全換了一個行業，職業的延續性沒有了，萬一做不下去怎麼辦？總不能再換吧？」看來面對職涯調整，她還擔心不確定性。

「是的，換了一份工作，同事換了，工作內容換了，一切都需要重新開始，這也是需要考慮的轉換成本。」我很理解這種擔心，「那我們換個角度來看看，你對自己的職涯發展有什麼期待。」

這個問題把周翔引向了未來。她抬起頭，似乎在注視著遠方，沉思了一會兒，說：「我想要一種穩定而緩慢成長的生活。沒有太高的追求，不指望在激烈的職場競爭中取勝，但是希望能夠有內在的、真實的寧靜。同時，我希望自己是一個有價值的人，而且在不斷升值，不會被別人嫌棄，不會找不到工作。而工作本身，我又希望能夠有趣，自己會享受做這份工作。」

看她停了下來，我接著說：「穩定、成長、有趣，可以總結你描述的這種狀態嗎？」周翔點了點頭。我接著問：「如果發展好的話，那目前哪個選擇可以滿足你對未來的這種期待呢？」

「好像都不行。」周翔似乎也對自己的回答有點吃驚，「在外貿行業裡繼續做，好像是穩定了，但是缺少成長性，也不太有趣；進入培訓公司，好像是有成長空間，也有趣，但這似乎又是暫時的。我其實很難想像，一直做下去會怎樣，畢竟如果不當講師，很難成為核心人員。」看來，這才是讓她糾結的原因。

「我們反過來說，對當下的你而言，對一份工作的要求是怎樣的？」
生涯發展是階段性的，不同階段有不同的價值追求，既要展望未來，又要兼顧當下。若展望未來時找不到路徑，那往往是因為準備不足。此時，不妨看看當下的期待。

「您問到關鍵點了。」看得出來，周翔開始焦慮了，「展望未來的時候，我很容易被卡住，因為我總會被當下的情況困擾。目前來看，我最希望自己能夠先找到一份穩定點的工作，踏踏實實的，有所發展。」

「你的『有所發展』，指的是什麼？」這是一個需要澄清的概念。

「有升職空間，未來的報酬還不錯，能力也可以得到不斷提升。」周翔顯然對自己當下的期待特別明確。

「那這些期待和你對未來的期待之間，有什麼關係呢？穩定、成長、有趣。」我指了指紀錄紙上的內容。

「路徑關係吧。如果沒有現在的發展，未來也就不大可能穩定和有趣；成長是必需的，但是能力提升方面的成長，又不像是我原來以為的那種，還是需要與職涯發展串連起來的。」慢慢地，周翔像是明白了什麼，「趙老師，還有沒有別的可能性呢？」

「比如呢？」我並不知道她說的「可能性」指的是什麼。

「比如，不那麼辛苦的……」說到這裡，周翔自己似乎發現了什麼，神色黯然，「應該也沒有吧。我現在特別後悔，這些年為什麼沒有很努力，到現在，竟然陷入難以求職的尷尬境地。」

「如果努力了，會怎麼樣呢？」

後悔肯定不能解決問題，我要幫周翔找到當下可以開始的行動。

「如果努力了，就不再只是做一些簡單業務。我做的是跟單的工作，這個工作其實大有可為，既要懂得國際貿易的商業、法律、財務等知識，還要善於溝通，英語要好，要熟悉生產的全流程。我是外語系畢業的，本來也算是學以致用，可就是缺乏那股幹勁，工作只願意做簡單的。時間長了，別的同事越做越好，可以獨當一面，我卻並沒有什麼發展。」周翔依然是在後悔，可是我聽出來了：當初，她是在逃避挑戰；現在，她是在逃避面對。

「看來，跟單員還是有發展的。如果現在有這樣的機會，你願不願意接受挑戰呢？」

「現在是不是有點晚了呢？別人都比我年輕，我再努力，還能拚得過別人嗎？」周翔有了新的顧慮。

「如果你這麼想，那恐怕你剛才說的，就有些言不由衷了。你想要的並不是發展，而是安逸。現在是安逸，未來也是安逸。」我看到了周翔身體一顫，「那你必須認真看一看你有什麼資源可以讓你獲得這種安逸。資源有了，我們再來尋找選項。如果沒有足夠的資源，恐怕這份『安逸』，就要捨棄了。」

她沉默了。

在現實中，**占有是本能，而放棄則需要智慧。**

「那我現在努力，還有希望嗎？」周翔猶豫了一下，說：「如果我也不追求做得那麼好，是不是還來得及？」

我笑了，說：「當你幫自己調整目標的時候，其實就是在盤點著自己的資源。你現在的年齡的確不如五年前那麼有優勢，但如果實際放到一個職位的發展上，並不能說明現在發展就晚了。你需要做的是，瞄準一個職位，分析發展的要求，然後有目標地努力。以你對這個領域的熟悉程度，肯努力的話，可能兩三年就趕上來了。」

聽了這話，周翔明顯有了信心。「這麼說，那個培訓公司的職位，就不用考慮了吧？」

「這個要你自己做決定了。你剛才說過，培訓公司要成為講師才算核心職位。任何一個領域都是核心職位才有更大的發展空間。你

也可以以培訓師、某領域專家為目標職位，看看自己的距離。只有認真地進行分析，才不會停留在表面的虛幻泡沫中。」

「這麼說來，我還是做外貿吧？畢竟更熟悉。」

我看出她還有些猶豫，就繼續和她確認，「你想要的能力提升可以獲得嗎？薪水報酬能達到預期嗎？」

「做得好的話，沒有問題。這裡面學問可大了，就算不是獨自創業，把一個領域做透了，獨當一面，也可以活得很好。」周翔開始變得篤定。

「這麼看，穩定、成長也都能解決。那你前面提到的有趣呢？」

「我想，這個有點難。做外貿還是滿辛苦的，雖然可以瞭解不同的文化習俗，但是這並不是我想要的有趣。不過，話說回來，等工作發展得好了，有趣的事情，也不一定都要在職場上解決。我也不能太貪心。」周翔自己道出了之前糾結的根本原因。

「我們來看看，從最開始諮詢的時候，你特別糾結，不知道該如何選擇。到現在，比較確定要選擇之前的職業，繼續努力做下去。這中間發生了什麼？」我要帶著周翔一起回顧。

「一開始不知道如何選，主要是因為只看到了原來職業不好的一面，其實是因為我能力不足，總想逃避。面對選項並不多的情況，想要的還挺多，這樣選擇起來，就比較難了。現在看來，不再貪心，就不再糾結，也就安心了。好在，我還有希望，雖然看似努力得有點晚，但其實也不難。而且，這些年雖然沒有在工作上太努力，但我也沒有閒著，一直在學習。我想，這些都會對我有用的。」

「是啊，**糾結是一個機會，一個可以認識自己的機會**。當你確立了未來的期待，並確立了當下階段的期待，逼著自己對資源進行盤點之後，就可以根據資源做出選擇。而且，你發現了嗎？你最終的選擇，並不在你最初的選項裡。」我這麼說的時候，周翔稍微有點驚訝。「你看啊，在你最開始的選項中，只是找到一個沒有什麼新奇的外貿工作，是對原有職業的延續，一份糊口的工作。而現在的選擇呢？是你準備深耕、拓展外貿工作，這份工作，承載了你對於成長的期待、對於發展的期待，以及對於穩定的期待。」

「還真的是。我發現啊，**越是能力不足，越是貪心。**」

❀ ❀ ❀

這次諮詢之後，周翔沒再找過我。

在社交媒體上，我總會看到她貼出自己忙碌的身影，以及出差回來為家人帶的禮物。

【轉角看見】

‧面對選擇的糾結，一般要考量這幾個面向——

1.叩問內心：自己所追求的價值究竟是什麼？

2.展望未來：自己所期待的場景中，哪個選擇更容易實現？

3.看看當下：目前的生涯階段，最在乎的是什麼？

4.盤點資源：利用手上的資源，可以拿到什麼？

然後把這些因素綜合在一起考慮，用理性去做選擇，再用感性努力去兼顧。

只是，不要忘記，「時間」是決定選擇的重要影響因子。

每個選擇都有「空窗期」。有時轉瞬即逝，來不及做選擇，就有了結果；有時卻要忍受糾結的痛苦，慢慢熬過無可奈何的時光。

而一旦把選擇權交給時間，就開始向命運繳械了，說到底，都是心無定見的逃避。

主動選擇，確實不那麼容易。「正視糾結」，是解決糾結最重要的一步。

你給自己戴上的枷鎖，
大師也打不開

> 任何一個選擇，都要考慮三件事：
> 價值、成本、風險。

在我的來訪者中，有一類來自體制內的「不安分者」。

他們身處學校、國有企業、機關和事業部門，往往進入這種穩定的龐大體制內工作多年，但是仍有各種「水土不服」：說自己不善交際、不會應酬；說狀態忙忙碌碌、無所成就。與此同時，他們總還覺得自己有尚未發揮的能力，以及尚未展示的才能，耿耿於懷，心有不甘。

他們總想追求更大的空間，在體制內不能獲得發展，就想跳出去另謀出路，可常常在此時會糾結：外界的種種精彩，往往也處處暗藏險惡。

不安於現狀，又不敢跳出去，該怎麼辦呢？

　　高飛，男，二十九歲，南方某大學的一名輔導員。為了做諮詢，專門乘飛機到北京。

　　諮詢室裡，剛坐下，高飛就說：「趙昂老師啊，你一定得救救我啊。我在學校太難受了，工作毫無價值。我知道你是這個領域的專家，是大師了，你一定有辦法的。」

　　聽到他說「大師」，我立刻警惕起來，趕緊說：「您可別這麼說，我只是一個生涯諮詢師。我們一起來看看您的職涯困惑吧。」我的經驗告訴我，有些來訪者之所以一上來就給諮詢師戴上一頂高高的帽子，往往是因為他們想替自己無解的人生找一個代罪羔羊。一見面就稱對方為「大師」的人，可能只會把自己當大師。

　　說起來，高飛也是一個人才，當年碩士一畢業就留校工作。別看現在後悔了，當初可沒這麼想，工作穩定、社會地位高、工作環境好，還有兩段假期、有繼續深造的機會，這些優點，讓早早確定工作的高飛成了同學羨慕的對象。

　　可是兩三年過去了，這些優點又都變成了缺點：工作穩定變成了「一潭死水」，社會地位高變成了「徒有虛名」，工作環境好變成「加班多，繁瑣事情多，價值不被認可」，學習機會也變得沒意義了。

　　為什麼會發生這麼大的變化？難道是發生了什麼事情？

　　「當初能夠留校，也是同學中的佼佼者了吧？」

　　聽到我這個問題，高飛的神色有些得意，又有些失落。

　　「當時只看到好的方面了，留校名額少，能爭取到就不容易。我

也是爭強好勝，爭到了，還覺得挺自豪，完全忽略了職業的另外一面。」高飛開始後悔了。

「當時沒有找學長或者輔導員瞭解過嗎？」

「聊是聊了，但當時就業情況也不好，我的同學們也沒什麼好的去處，一些來招聘的企業連名字都沒聽說過。我就想，好歹留在大學工作，還比較穩定，家人也都覺得滿好的。」看來，環境、時機、視野，都在那個時機點影響了高飛的生涯決策。

「那麼，現在為什麼有了新的想法？」我問高飛。

「原本我以為可以慢慢讀博士，再轉當專任教師，或許能得到主管的賞識。可是，現在呢？三年過去了，眼看著昔日的同學開始成為公司的骨幹了，收入也早就是我的兩倍，我卻依然還在做著小輔導員。」高飛開始了抱怨，「我也不是沒有努力過。除了考博士，我還想過考公務員，想過創業，但是思來想去，總有擔心。趙老師，你看我的路該怎麼走呢？」

言談之中，煩躁、焦慮之情溢於言表。不過我聽得出來，**這些焦慮還是源於「比較」**：和同學比較，和同齡人比較。

當初，是因為「比較」好，所以，就留在大學；現在，又是「比較」差，急著找路徑。那麼，他是否意識到，如果心中沒有確定的追求，自己就不可能在「比較」中一直處於優勢。

「那些去了一些不知名企業的同學，怎麼只用了三年就發展得比你好呢？」我好奇高飛是否關注到表面之下的實質過程。

「企業是不那麼知名，是新創公司，不過這兩年趕上這個行業發展得好，迅速擴張，已經完成兩輪融資。我有幾個同學都是第一批進公司的員工，現在都算元老了，薪水不錯，還有一些原始股。」看來，高飛把這一切歸因於運氣。

「當初你想要的穩定還在、社會地位還在、環境還在，你現在又看重收入。你是知道的，大學的收入不見得比外面企業的高，但勝在比較穩定。」

「這正是我糾結的。我也知道在企業裡工作不容易，比如辛苦、有風險、不穩定。但是……」高飛訴說著自己的糾結。

「但是你還是很貪心，什麼都想要？」我正視著高飛。

一時間，慚愧、懊惱、憤怒，各種情緒集合在他的臉上。

「這怎麼能算是貪心呢？我不過就是追求更好的發展嘛！」

「對你來說，如果留在大學，更好的發展是什麼？」

「讀了博士，轉做專任教師，升上教授。」高飛說。

「這是你想要的嗎？」

「還可以吧，就是考博士太辛苦了。」

「喏，你看，**任何一個選擇，都要考慮三件事：價值、成本、風險。**從你所能看到的選項來看，如果你追求穩定價值，就需要花更多的時間去提升學歷，去豐富經驗，按照符合體制內的晉升規則來發展，時間成本比較高，風險雖有，但是不大。如果你要追求經濟報酬，就需要快速提升職場技能，冒著各種不確定的風險，放棄對於穩定的追求。你會怎麼選呢？」

「難道就不可以兼得嗎？」

「可以兼得，只是需要的成本更高。比如，成了教授，你的知識可以轉化為更多價值。只是想要成為教授，需花費十多年。再比如，在企業裡工作，成為核心員工或者獨當一面，不用擔心企業裁員。只是，發展成為骨幹，也需要十年八年。這在本質上並沒有區別。同時，在做選擇的時候，你需要知道，**不同職業有不同的發展節奏。你選擇了一種職業，就要接受它的節奏，這樣才能譜出華麗的樂章。**」

「你說的，我也明白。」高飛像是冷靜了下來，又像是有些失望，「只是，如果繼續讀博士，就面臨很多現實問題：考哪裡的博士？讀博士期間，職位是否還會保留？如果不保留職位，畢業是否還能進大學工作？」

「那如果去企業上班呢，是不是也有很多現實問題？」

「對呀對呀，我就是在考慮這件事。你看：那一行的情況如果不好怎麼辦？企業發展有問題怎麼辦？我如果不能迅速適應怎麼辦？我還不知道企業內的玩法，如果不能獲得晉升怎麼辦？」

看來，高飛的癥結在於對風險的擔心。**穩定的生活帶給他安全感，但同時也給他帶來枷鎖：束縛他不敢前行的枷鎖。**這樣的枷鎖，已經不再是體制內發展的路徑，也不是各種選項風險，而是他內心那個「安全感」。

打開枷鎖的唯一一鑰匙，就是「放下幻想」。

「看來，你已經有了非常深入的思考，那麼你找我諮詢的期待是什麼呢？」

這個問題讓高飛像是忽然被擊中一樣,沉默了。

過了一會兒,他說:「是啊,既然我什麼都想明白了,找到大師又能怎樣呢?誰也不可能代替我做這些事,這畢竟是我自己要面對的。或許,也是因為我從一畢業就留校工作,沒有經歷過外面的求職、面試、跳槽之類的波折,心裡就會有各種擔心和害怕。」

「其實,即便有風險,也沒什麼大不了的。不必要求自己事事順利,萬無一失。就像碼頭上停靠了好多船,你想要從一艘跳到另外一艘上去,就要先想清楚,總會有失足落水的時候,大不了再爬上來。關鍵是,你得會游泳。**不要幻想著永遠不掉進水裡,這是你不能掌控的。你能掌控的是,自己會游泳的本領。**否則,你帶著『永不落水』的幻想,越是擔心,越是容易落水;越是視落水如萬劫不復,越是膽顫心驚。一旦落水,就真的爬不上來了。」

「那我最該做的,其實是訓練自己游泳的能力了?」

「游泳的能力會讓你不再擔心落水,這時,才能放下安全感的束縛,從容地穿梭在小船或大船之間,去往你要去的方向。同樣地,在職場上,不管是什麼類型的職場,你首先要做的,就是提升自己,然後再等待機會。相反地,如果因為外界環境的變化而讓你變得被動,以為『穩定』意味著等待被安排,那可就錯了。要知道,真正的安全感一直在自己手裡。」

「或許真的是我太貪心了呢。」高飛長吁了一口氣,「我還是應該老老實實地花功夫去準備考博士的事,雖然難,但這是我目前的最佳路徑吧。」

「可是趙老師,您說,為什麼人有時候會貪心呢?這件事能不能

避免？」高飛提出了一個帶有哲學意味的問題。

「在我看來，**貪心不見得是壞事，它只是一種提醒。貪心會讓人糾結、焦慮，一旦發現，我們就要知道，我們需要開始行動了。**唯有行動，唯有提升自己，才能讓自己擁有更多資源，才能距離期待近一點。才能發現，原來我們的貪心都是因為在『不明事理』的情況下，做出的不能成立的假設。有了這樣的發現，及時調整就好了。」

一種職業的特點往往帶著不同的屬性。穩定有穩定的好，也有穩定的遺憾；發展快有發展快的好，也有發展快的風險。

在選擇職業的時候，我們不僅要關注眼前、考慮當下，還要看得長遠一點，看到更長久的週期。

❀ ❀ ❀

半年後，高飛告訴我，他已經報名博士班考試了。我回覆他：*祝你成功*。

【轉角看見】

選工作就像選伴侶：你選擇了最吸引人的一面，同時也要做好準備，接納最糟糕的一面。

一份理想的職業是「經營」出來的，不是幻想出來的。你對一份職業足夠喜歡，就要專注；你對一份職業足夠討厭，就要立刻轉換。

成本最高的就是左右搖擺。如果一個人把所有的精力投入在糾結上，這一生只會一事無成。

和焦慮有個約定

> 允許自己出錯，允許自己不會，允許困境出現。
> 接納自己的無能，拒絕不能承擔之重，學會調用系統資源。

節奏快、壓力大、不確定性、擔憂未來，讓現代職場人或多或少地都體驗過焦慮的滋味。

雖因事實而起，但焦慮卻只是一種情緒。是情緒，就會對人的狀態產生影響。焦慮或許會激發人的進取心和行動力，但過度焦慮也可能會讓人做出錯誤判斷、自我否定，甚至可能自毀職業前程。

夢迪就是一個焦慮的女生，這在我見到她的時候，就大致能判斷出來了：眉頭緊鎖，面部肌肉僵硬，雖然化了妝，但還是有剛剛冒出來的青春痘在添亂。

我看過她的基本資料，擁有令同齡人羨慕的名校背景，畢業後就進入了知名企業，還是公司的儲備幹部，工作兩年的考績都不錯。看來，這很可能是一種「優秀的焦慮」。

「你來找我諮詢的期待是什麼？」諮詢開始的時候，我照常問出

這個問題。

「我想請您指導我一下，該如何跳槽。」夢迪的問題有點奇怪。

「你是說，如何找到一個更適合你的職位嗎？」我試圖和她確認。

「算是吧。」她的眼神有些失落。

「那你有什麼期待呢？」

「壓力小一些吧。」她有點含糊地說。

「哪方面的壓力呢？人際關係？工作難度？工作量？還是別的什麼？」我猜，夢迪的期待一定和目前的工作有關係。

「其實，我也說不清。」她果然在猶豫，「我只是想，好像這些方面都有壓力，又都沒有壓力。換個地方，可能還是有壓力。我也不知道到底是什麼原因了。」

夢迪說得像繞口令。我繼續和她確認，「在一家業界頂尖的公司裡做人力資源，用兩年時間做到了主管，每次的考績都不錯，將來可能很有發展空間。那麼，是什麼壓力讓你不願面對，而選擇離開呢？是企業的價值觀與你的價值觀不符嗎？」我提供了一個可能性，等著她說出自己的想法。

「也不是。這份工作好是好，不過我總覺得自己做不好。」

「這麼說，你並不想跳槽。」聽我這麼說，夢迪一下子愣住了，「你只是不知道如何處理壓力。如果能讓自己感覺『好』了，這或許還是一份不錯的工作吧？」

「也是。」夢迪好像從自己編織的「壓力大，做不好，要跳槽」的故事裡轉出來了。

「那我們就說說如何讓工作的感覺更好。」我確認的眼神得到認

可後，說：「還得從你感覺不好的事情說起，看看我們該如何調整。」

・故事一：

公司舉辦大型中階人才培訓課，五大方向，連續三天，由夢迪負責協調，和各級進行溝通，培訓時間確定、培訓內容選擇……反覆開了幾次會議，一切都按照既定計劃順利推進。然而，隨著會期臨近，她卻越來越焦慮，總覺得有什麼事情沒有考慮周全，或者有什麼事還沒有做好，這樣的焦慮讓她寢食難安。那段時間，她經常失眠，有時候還會從噩夢中驚醒。

最後，培訓如期舉行。而最後的結果，也正如夢迪所預言的那樣，總還是不那麼完美，出現了幾個紕漏。總結、回顧的時候，夢迪就在想：「我怎麼這麼無能？」於是，就會更加焦慮，以致不敢再主動挑戰獨立負責一項工作了。

「看得出來，這件事，自始至終，你對自己的期待都是『完美』。」說這話的時候，我對上了夢迪有點詫異的眼神，她似乎在說：「難道不應該是這樣嗎？」

我問她：「對你來說，完美意味著什麼？」

「意味著不出錯啊，做到讓主管滿意，甚至是讓主管驚喜。意味著把所有的細節都考慮進去，到時候，一切都會如預料的發生。」夢迪脫口而出，回答得特別輕鬆。

「包括預料到的錯誤嗎？」聽我這麼問，她有點錯愕。

「你是知道的，任何事情，不管如何計劃，總有可能出現一些紕

漏。你甚至可以預料到這些，但就是不能接納這樣的情況發生。想想看，你不能接納可能性發生，就是不願接納一個自己無法掌控的事實，其實是在和現實對抗。然後，反過來再來批判自己。

　　「很多時候，你的焦慮，就是因為在做完了該做的事情之後，依然花了大量的精力去思考『萬一』，考慮『錯誤』，一直在擔心。此時的焦慮就像是一匹跟在你身後的狼，而你所有的擔心就像是從你的背包裡掉出來的肉，你在吸引著『焦慮』這匹狼不停地追你。你越是不安，焦慮就追得越緊，直到你什麼事都做不了。」

　　心理學裡面有個詞，叫**「目標顫抖」，指的就是太過於專注目標，反而做得不好，很可能失敗。**

　　越想做好，越是焦慮，離目標就越遠。

　　「你是要趕路的，而不是要和狼爭鬥的。」

　　「那要怎麼做才能接納呢？我覺得有點難，難以抑制地會有擔心。」夢迪說出了自己的困惑。

　　「是的，接納可能的錯誤、紕漏、失敗，確實是一件難事。」我很理解她，「因為你此時可能會想到自己一直以來的卓越表現，想到主管的期待，想到未來的晉升……想到這些的時候，就無形中給自己設定了一個標準：不要出錯。壓力隨之來了，焦慮也就來了。焦慮的聲音蓋住了對於現實的理性判斷，你也就無法接納了。」

　　「和自己做個小遊戲吧。」我笑了笑，「準備一個小箱子，裝飾一番，貼上一個標籤——『焦慮箱』。你一旦想到什麼讓你焦慮的

事情，就把它寫在紙條上，然後塞進這個箱子裡。每天，定時把這些紙條拿出來看，如果可以處理的，盡快處理；不能處理的，就放回去。留在箱子裡的焦慮，和你無關。你要記得，這是你目前無法控制的因素，這是你生活的一部分。」

夢迪臉上露出笑容，「這個挺好玩，可以試試看。」

「事情過後，你可以再次打開這個箱子，看一看，哪些擔心、焦慮的事情發生了，哪些並沒有發生。如果發生了，你可以告訴自己，我是一個不錯的預言家。如果沒有發生，你就感恩生活送給你的禮物。」

說到最後的時候，夢迪簡直要神采飛揚了。我提醒她，說下一個故事吧。

· 故事二：

公司的年終總結大會，夢迪參與其中，老闆出於信任，把其中的培訓環節交給她來安排。籌備會上，夢迪提出了一個非常有創意的方案，老闆認為很好，很快通過，接下來就由她來負責實際執行。

這是夢迪之前從未做過的事情，公司也沒有先例，具體怎麼做能達到最好的效果，大家也都沒有主意。最終，效果還不錯，主管也滿意，可是夢迪卻病倒了，請了病假，整整休息了一週。

「這也是焦慮造成的。不過和第一件事不一樣的是，做得還可以。雖然也有各種擔心，但結果倒是還可以。」夢迪說道。

「那你焦慮什麼呢？」我好奇地問。

「也說不上焦慮什麼，就是這件事，前前後後需要考慮的東西比較多。」她像是想到了什麼，「對了，因為想法比較有創意，大家都不會做，所以基本上都是我一個人完成的。之前至少會有兩個人合作。這樣的話，工作量加大了，也可能是焦慮的原因吧。」

「你有向團隊申請支援嗎？」

「創意是我提出來的，他們也沒做過。」

「那就是說，你自己把事情都攬過來了？」

聽出我問題的意思，夢迪說：「也不是。我請求過幫助，但是同事說，他們也不知道該怎麼做。主管就說，這件事我自己全權負責。」

「請求幫助的時候，你是怎麼溝通的？」

「我把所有的計劃都給主管看了，主管就說讓我自己看著辦。我把想法告訴同事了，他們還是說沒做過。」

「那你想要他們給你什麼支援呢？」

「剛開始的時候，我不知道該怎麼做，也不知道同事可以怎麼幫我。」夢迪似乎意識到了問題所在，「所以，後面我就不再請求支援，自己做，把自己累病了。」

「有的時候，焦慮就是因為有實實在在的事情需要處理。可是，如果事情多到超出自己的資源範圍，比如時間不夠、精力不允許、經驗不足，那就要尋求系統的支援。**在尋求系統支援之前，要知道自己在系統中的位置。**

「在這件事中，你在系統中的位置非常重要，是經過授權的專案操盤者。在確立了這個位置之後，你就要知道，如果尋求支援，就

要給出明確的求助線索，因為沒有人會比你更清楚這件事該怎麼做，雖然你也在探索中。」

「哦，我明白了。」夢迪搶著說：「如果要尋求主管支援，就要說明哪些地方需要主管拍板決定，哪些地方需要主管協調資源。如果要尋求同事支持，就要說明哪些地方希望他們來做什麼、工作量是多大、和他們的工作關係是什麼。這樣就能爭取到系統的力量了。」

「你看，如果一開始這麼做，是不是就沒有那麼焦慮了？」

夢迪點頭。

「不僅如此，家庭、社會也都是你所身處的系統。家人、朋友，也都可以為你提供資源。」我頓了頓，「有的時候，焦慮是來自於自己的『幻想』，給自己設定了完成不了的目標。還有時候，焦慮是來自於拒絕資源，沒有與系統更好地互動，擔下了過多的任務，負重前行，當然也會焦慮了。」

夢迪自己總結道：「看來，這些都是庸人自擾啊。」說完自己笑了起來。

「再說說第三個故事？」

「不說了吧，也沒什麼新奇的了，用這兩個思路就足以解決多數焦慮了。」夢迪說：「其實，放輕鬆了想想看，我平時做得還不錯，主管、同事對我的評價也不低，常會誇獎我。不過，話說回來，誇獎得多了，任務可能就多了。有時候，是主管覺得我能幹，就交給我任務。有時候，是我覺得自己不錯，要主動申請任務。很多時候，焦慮就產生了，前面那兩個故事就是這麼來的。」

「願意扛起責任，主動迎接挑戰，這是你的勇氣。追求完美，總想把事情做好，這是你內在的卓越性。但是，這並不能導致必然的焦慮。**接納當下的不足，不僅是要接納自己能力的不足，還要接納外界資源不足，接納時機不成熟，接納不確定性。**然後，對未來的美好充滿憧憬，把專注度放在行動上，用行動讓一切變得越來越好。」

「接續著您的話，我想說，**接納，就是相信時間的力量**啊。」夢迪說，她可以不考慮跳槽了，她要修練接納的能力。

焦慮，就像是一個越勒越緊的圈套，讓人窒息。幾次諮詢做下來，可以暫時鬆綁，但是要想擺脫焦慮的束縛，得把繩結握在自己手裡。而這個繩結，就是你對焦慮的看法。

❀ ❀ ❀

回去以後，夢迪傳給我兩張照片：一張是她製作的「焦慮箱」，一隻小熊的模樣，看起來一點都不焦慮，特別可愛。另一張是她買的瑜伽墊，她說，要練習冥想，讓自己更加專注。在社交媒體上，她把這兩張照片發了出來，加了一行字：

相信時間的力量。

【轉角看見】

焦慮有微毒。適度焦慮可讓人保持精進節奏，過量不宜。

· 遇到焦慮的時候，我們該如何與自己對話呢？

問問自己：

1. 對於這件事，我的期待是怎樣的？

2. 我都做了些什麼？預計這樣可以做到什麼程度？

3. 我都焦慮些什麼？然後，用焦慮箱處理。

4. 我身處一個什麼樣的系統之中？在這件事上，我在系統中的位置是怎樣的？

5. 我可以如何調用系統的資源？

6. 做完事情時，再問自己：我從中有哪些成長？

如何避免過度焦慮？

允許自己出錯，允許自己不會，允許困境出現。學會接納自己的無能，學會拒絕不能承擔之重，學會調用系統資源。

這不是躺平，而是接納，是在現有資源的基礎上，做出屬於自己的最優選擇。做到最好了，就可以把一切都交出去了。特別是對於無法掌控的結果，唯有接納，才是最好的期待。

接納源於信心——對自己有信心，對未來有信心，對系統有信心。

主管說我是個不用心的人

> 你做事的時候是否會出錯，
> 和你是否用心以及是不是一個用心的人，這是不同的。

看到青桐，我就在想：這樣的人會有什麼煩惱呢？從她一走進諮詢室，就把歡樂帶了進來，臉上帶著開朗陽光的笑，和見到的每一個人都禮貌地打招呼。

當她坐下來，說自己來諮詢的問題是「要不要辭職」的時候，我就想，這或許只是一個簡單的決策問題吧。青桐說，這個問題也困擾她很久，自己這次是專程從山東過來做諮詢的。看來，這個問題並不簡單。

「那就先說說你的考慮吧，對於辭職的考慮。」從她感到最緊迫的問題開始。

「我的本職是在大學裡做行政工作，這份工作像是養老，毫無激情，繁雜瑣碎，一週五天，天天都像在熬時間。」三言兩語，青桐就把自己的工作狀態描述出來了。

「行政工作的狀態，你應該早就知道的。當初為什麼選擇這份工作呢？」

我知道，每一次的生涯選擇都不是獨立的。隨著職涯發展，當初的價值選擇或許已經滿足或者變化。現在的不滿，說明了當下的價值訴求和資源變化情況。所以，當一個人抱怨當下職業的時候，我都會問問最初的選擇。

「當初？當初也是家人推薦的，父母認為女孩子就要穩定、安逸。大學老師不用風吹日晒，不需要承擔太多的競爭壓力。我這才花了好大力氣進大學工作。」青桐無奈地笑了笑。

「看來進大學工作還很不容易？」我問。

「是啊。雖然我是研究所畢業，但是現在學歷高的人多的是，一個行政工作都要擠破頭。」青桐有點猶豫，「其實，即便進來了，我也不開心。」

「家人認為這份工作很好，你最後接受的理由是什麼呢？」

青桐笑了笑說：「老師，你真厲害，總能說到關鍵點。我也覺得，做大學老師會有更多的時間，工作比較輕鬆，業餘時間可以做自己喜歡的事。反正也沒有更好的選擇，所以就接受了。」

「你想有更多的業餘時間，用來做些什麼呢？」

「兼職啊！」青桐一臉的興奮，「讀研究所的時候，我就開始做兼職。我不是外語系嗎？就兼職做一些英語教學和翻譯的工作。兼職做得挺不錯，英語教學得到學員的好評，挺有成就感的。做翻譯的時候，我也會選自己喜歡的書來譯。雖然收入不多，但也能自給自足。」

「英語教學、翻譯，是你準備辭職之後要做的事情嗎？」

青桐長吁一口氣，說：「這正是我發愁的呢，有心辭職，卻面臨生活的困境。我很想擺脫目前的狀態，首先就是家人不會同意。我這一辭職，他們肯定要崩潰。」青桐很清楚這一點，「再說了，我自己也確實缺乏安全感。畢竟，已經在大學待了兩三年，和之前的同學相比，都已經不知道外面的世界是怎樣的了。如果還只是做一些我之前兼職的工作，很難維持現在的生活品質。另外，我已經懷孕了，我在想，要不要再忍幾年……」

現在的青桐，已經沒有剛坐下時的輕鬆、快樂，內心的焦灼映在臉上。

「我很好奇，你在忍什麼？」我這麼說的時候，看到青桐兩眼的詫異，「你的工作並沒有太大的不同，你依然可以做兼職，而且你現在懷孕了，按理說，該是可以更享受工作穩定帶來的好處啊。」

「忍……」青桐好像是用了很大的力氣才能繼續講：「一種彆扭。一種總也抬不起頭的彆扭。」這裡面似乎有隱情。

我默默地注視著青桐，等她自己說。

「從剛開始工作，我就不痛快，總覺得低人一等。可是，我也是名校畢業，學歷也不差啊。工作中，我也任勞任怨，年終打考績的時候，我還被評為表現傑出。」說到這裡，青桐有點要哭了。

我聽得出來，這些都是她自己內心一直藏著的委屈，像是在對著一個人辯解。

「對啊，為什麼呢？」我附和。

「都是因為他——我的那個主管！」青桐有點憤怒，「處處和我作對，老是挑我的錯，總是批評我。有一次，竟然當著同事的面，諷刺我。」

「你的主管都是怎麼批評你的？」

「說我不用心，說我是個不用心的人。」青桐辯解道：「我覺得他就是吹毛求疵。一份出差審核報告，在別的部門早就可以通過了，在他那裡，反反覆覆要求我修改了三遍。我覺得這就是在針對我。」

「那你如何評價自己？」

「我覺得自己能力還行，也還算勤勉。不能抬高自己，至少不比別人差吧。」

「那他對你指出的錯誤呢，真的存在嗎？」

「確實可以更好。但是被批評了，心裡總覺得不舒服，心想：我不是這樣的人啊，怎麼能這麼說我呢？有錯改了不就行了？」說到這裡，青桐放鬆了些。

「我們來做一下區分。**你做事的時候是否會出錯，和你是否用心以及是不是一個用心的人，這是不同的。**」

「對對對，」青桐立即回應道：「我就是覺得，我不是一個不用心的人，雖然不是做每一件事都那麼用心吧，雖然也會出錯吧。」

「那你看，你的憤怒，是不是就是因為接受了你的主管說你『是一個不用心的人』？」

青桐趕緊否認，「我沒接受啊。我不接受這樣的評價！」

我沒說話，繼續看著她。

「我不接受他的評價，不過確實是聽進去了。」青桐想了一下說：「所以，我覺得那個辦公室就是一個負能量場，我特別害怕走進去，不想上班，總想逃避。」

「這才是你要辭職的原因啊！認為一份工作枯燥無味、缺乏價值，可能只是表面原因。不知道你有沒有想過，我們之所以工作，是為了追求價值。有可能是追求成就感、意義感，或是追求天賦發揮、自我實現，但絕不是為了追求有趣。單純的有趣，不能持續。即便有人說『我就要追求有趣』，那也是為了追求有趣的形式之下，給自己帶來的愉悅感和成就感。況且，還有些價值是深藏著的『底線價值』。一般來說，『底線價值』覺察不到，但一旦損失，人就會徹底崩潰。」

青桐之所以受不了這份工作，並不是因為早已經知道的工作形式和工作內容，而是因為被嚴重否定之後，自己的成就感被剝奪，價值感喪失。在這種情況下，一份工作差不多就失去了存在的意義。她之所以糾結，是因為離開之後的生存安全感還不夠充分，特別是在她將要生孩子的這個時期。

「你剛才說要忍一段時間，那你打算怎麼忍呢？」我想要聽聽青桐的策略。

「少見面，少做事吧。我現在懷孕，他也不能說什麼。非做不可的事，就慢慢做，反正他覺得我能力不足，做到最後，還是得由他接手，這樣也就不會說我不用心了。」青桐有些賭氣，也有些無奈。

在職場上，這樣的「消極怠工」是不是經常見到？其實，並不是

她真的能力不足，也不是工作不努力，可能就是因為**多次努力之後，發現得到的價值越來越低，才會採取這樣的消極做法。當主管不會關注於激發下屬的內在工作動力時，帶來的是整個系統的損失。**

「他對你的評價可能是用詞不當，或許他的本意也不是想要否定你這個人。」我意識到自己似乎在替她的主管說話，「對了，你的主管是個什麼樣的人？是不是特別嚴肅、認真？」

「是啊，做什麼事都認真，有完美情結。我也知道他可能不是針對我這個人，但是他說話的方式，就是讓我受不了。」

「是對所有人都這樣，還只是針對你？」雖然剛剛提到過，我再次問，或許會得到不一樣的答案。

「好像對所有人都這樣。」說到這裡，青桐似乎想說什麼，我好奇地示意她講下去，「其實，他這個人不壞。說起來，也挺不容易的，出身比較貧寒，做事特別認真，憑著自己一點一滴的努力，才得到現在的職位。」

「那你看，一個憑自己的努力、做事要求嚴格的人，對你的要求過分嗎？」

聽了這個問題，青桐若有所思。

「來，我們做一個有趣的表格。」我拿出一張白紙，畫了一個表格。

· 第一欄：溝通事項。
· 第二欄：他的看法。
· 第三欄：我可以採取的溝通方式。

　　我一邊畫，一邊和青桐解釋：

　　「你和主管之間的溝通不順會讓你認為這份工作缺乏價值，而溝通往往是基於具體事情的。那我們就先來看看工作中，你們都會在哪些事情上有溝通，填寫在第一欄。注意，可不僅僅是他批評你的事，還有不置可否的事，當然也有稱讚你的事。

　　「第二欄，寫下他對你的看法。這裡要注意，是『他對你』的看法，而不是你認為他怎麼看你。就像我們剛才聊到的一樣，你嘗試著把自己放在一個兢兢業業、追求完美的主管的位置來看。可以有很多種看法，不一定就是他之前說出來的那麼簡單。

　　「第三欄，寫下你可以採取的溝通方式。除了你目前已經用過的『默默工作』，或者想要採取的『消極抗議』，還可以考慮『及時讚美』或者『真誠表達』。來，試試看，先寫出一件事。」

　　青桐開始思考，一邊想，一邊寫。一會兒工夫，就寫了很多，特別是溝通方式的部分。

　　她說：「我忽然發現，如果只是單純地想，我可以想出來很多的溝通方式，但是在做的時候，可能很多都做不到。或者說，如果客觀地想方法，我有。而一旦切換到我面對他的時候，就沒有信心使用這些方法。」

　　「你說的是一個重要的問題。」我點點頭，「這是一個信心問題，關於你對『溝通方法』的信心、你對於『對方』的信心，以及你對於『自己』的信心。」

　　「是的，對於人的信心，是最關鍵的。我還發現，我和他的溝通

並不多。我跟你說到的很多情緒，都是一兩句話之後，我自己的內心戲。或者說，我們並沒有什麼溝通。」不得不說，這是青桐在這次諮詢中最大的發現。

「那我們就從對於溝通的覺察開始建立信心吧。」

我給青桐留了一份作業：找一本本子，作為「溝通紀錄本」，記錄下她和主管之間每天的溝通情況，除了記錄「溝通事項」、「溝通內容」、「溝通結果」之外，還要記錄下是主動地溝通，還是被動地溝通。溝通之後，要進行總結：**你對他的理解是怎樣的？你是否表達了自己的想法？下一次溝通中，可以如何調整？**

「試試看，一週總結一下：你們有多少次溝通？有多少次你的主動溝通？又有多少次效果正面的溝通？」

青桐很愉快地接受了這份作業。我們約定在下次諮詢的時候，再來看未來職業的調整。

第二次的諮詢，在半個月後透過電話進行。青桐告訴我，現在她每天的主要工作就是關注如何溝通。慢慢地，如堅冰融化一般，關係上的摩擦這點，在工作中的比重越來越小了。「這不是摩擦少了，是你的關注點變了。」

她說，先不考慮辭職吧，目前一切順利，生完孩子之後再看。

❀ ❀ ❀

年底的時候，青桐傳給我一張照片，她和懷裡的兒子，還有一張獎狀。

她寫道：這是我第二次被評為表現傑出了，特別開心！

【轉角看見】

我們渴望榮譽、成就與認可，於是就會被這些東西限制。當別人對我們的評價是無用、錯誤和否定的時候，我們可能或拒絕、或對抗、或逃避，或者陷入深深的無力感，常常會因此給自己貼上無能、愚蠢和失敗者的標籤。

當被別人的評價控制的時候，你就再也不能做自己想做的事情了。

「拿回溝通的主動權」，是站在不同的角色位置，對同一個問題的理解，積極創造出更多溝通的方法，以及對於溝通的信心。

拿回溝通主動權的時候，你就已經擺脫別人評價的控制了。

揭下封印夢想的恐懼清單

> 人生不是由選擇決定的，
> 而是由「選擇後的行動」所決定。

一個週三的上午，我坐在咖啡館的靠窗位置，看著窗外川流不息的汽車，和匆匆趕路的行人。

我在等一位來訪者，鄔霞，這是她的第二次諮詢了。

鄔霞是一家醫藥公司的技術主管，她從實驗員做起，用差不多十年時間做到現在的位置。我看過她的簡歷，曾經有三年的年終考績被評為公司的「S」級員工，這是公司考核的最高評價等級。她來找我諮詢，主要是關於未來發展方向的問題。

她有些糾結於將來是走管理路線，還是走技術路線。

從事管理吧，之前的工作中，沒有太注意人際關係，特別是不太關注員工的情緒狀態，更關注具體事務。尤其是對於複雜的職場人際關係，想想都覺得很累。從這個角度看，似乎做技術更好。但是，她又覺得做技術需要更高的學歷。自己的學歷起點低，而且已經三十出頭了，以這樣的年齡再去讀研究所，讀完了又能怎麼樣呢？

　　與此同時，她還說出了自己的另外一份擔心：家裡一直在催著自己結婚。但是，因為之前有過一次感情經歷，對於結婚有一種恐懼。更何況因為未來的發展方向不明，可能涉及要換城市，感情的問題就更不好說了。

　　情況看起來錯綜複雜。我給了她一份作業，請她對「管理」和「技術」兩個方向，進行認真的分析、研究，從需要的條件、發展的理想狀態和未來的價值幾個角度，寫出自己的觀察，必要的時候，可以找一些人聊一聊。

　　因為已經工作了近十年，所以我相信，這份作業對她來說並不難，只是需要態度認真地完成。或許，從作業裡，就可以看出她的選擇傾向。

　　桌面上放著我列印出來的作業。

　　鄔霞做得非常認真，分別針對不同職務，就兩個方向進行深入分析。有趣的是，這份作業就像是她的一份實驗報告，視角非常客觀，我幾乎看不出鄔霞傾向於哪一個方向。

　　鄔霞來了，穿著簡單俐落。落坐之後，她要了一杯拿鐵，諮詢就開始了。

　　「做完作業之後，你現在的傾向為何？」我開門見山地問。

　　「感覺做管理需要認真考慮具體的職業，我對自己的能力有顧慮。」我知道，鄔霞之前的職涯經歷，讓她對於從事管理還是心存芥蒂，「做研發呢，我擔心自己不夠資格。」說來說去，還是之前

的顧慮。

「我們一個一個來說。就管理而言，你的顧慮是什麼？」我要幫郇霞一點點梳理清楚。

「做管理，意味著可能要在不同部門之間調整職位。如果一切都與自己搭得上倒還好。如果到了一個跟自己並不契合的部門，可能就會很痛苦。」

「什麼才是搭得上的職位？」我進一步推進。

「就是能夠繼續利用自己的經驗，比較熟悉。比如之前有一次安排我籌建一個新的實驗室，結果並不好，好多方面的業務我並不熟悉。」

「可是，熟悉具體業務，不應該是技術專家該做的嗎？」

「也許是吧。不過另外一個實驗室的負責人也是重新籌建了一個實驗室，同樣是之前沒做過，速度卻比我快，他是一個博士。」

「那麼，你有注意到他的優勢是什麼嗎？」

「專業訓練吧。雖然沒做過，但專業訓練讓他很容易轉移經驗。」

「哦，這對你來說，似乎是一個挑戰了？那你之前連續三年考績得到 S 級，是靠什麼優勢呢？」

「執行力比較強吧，圍繞目標，反覆嘗試，不怕失敗，積極調用資源。就還是我們上次說的那些。」我注意到，一定有什麼在阻礙著郇霞去發揮自己的優勢。

「你看，在管理方向的發展上，你面臨挑戰。這樣的挑戰在技術方向的發展上，肯定也存在。那你是否願意在這些新的事情上，繼續發揮自己的主動性和執行力，去接受新的挑戰呢？」

「我擔心我做不好，」鄔霞低頭看了看手中捧著的咖啡杯，「就是努力了，也做不好。」

看起來，她卡在對自己的評價上。我想繼續追問下去。

「具體的擔心是什麼呢？你可是做出過成績，具備自己的優勢的。」我很好奇一個被公司評價很高的員工，為何對自己的評價卻這麼低。

「現在不一樣了。當年可以經常熬夜。可是現在年齡大了，即便熬夜，也不會有那麼高的效率，何況還有建立家庭的問題。」

聽上去很有道理，我卻感覺到，鄔霞的邏輯是一個難以解鎖的圈：想要發展，卻不願接受挑戰；對於現狀不滿，卻沒有信心爭取機會。我意識到，我不需要這麼和她辯解下去，這兩種聲音都在她的腦海裡，目前所呈現出來的糾結，只是她平時自己腦袋裡的拉鋸罷了。我需要撤去一個力，看一看失去平衡之後會怎樣。

「嗯，那麼，我理解這就是你的選擇了：暫時不再爭取更高的發展，維護一個自己相對熟悉的環境，先照顧身體，盡快考慮婚姻問題。」說完這句話，我看到鄔霞兩眉垂了下來，說不清此時她的內心是失落，還是輕鬆。

許久沒有說話，我就在等著。

「可是，」鄔霞終於開口了，「老師，我還害怕結婚。」她又在替自己找另外一個支點——每一個支點都是藉口，因為看似困難，她其實都有解，只是她不願意全力以赴。但我已經明顯地感覺到她

在藏著什麼。

「看得出，你不甘心。」我注意到鄔霞眉梢挑了一下，「對你來說，到底怎麼做，才是比較好的狀態呢？」

「我在想，到底要不要讀書。」這次她並沒有太多猶豫，卻說出了似乎和前面並沒有直接關聯的一句話。我就在等這句話，我知道這才是她內心最糾結的部分。

「我不想讀在職的研究所，全職的又不好考，讀國外的要準備很多。我的想法能實現嗎？讀完之後怎麼辦？如果辭職讀書，找不到好工作怎麼辦？萬一重新開始了怎麼辦？婚姻怎麼辦？」

我想，她內心的那個夢想終於浮出水面。一連串的「怎麼辦」，把之前的糾結都串起來了。只是，我也看到，有三個守衛站在夢想門前把守，必須先把它們排除掉，才能把夢想放出來。

看守夢想的三個守衛是：不可能、不確定、不容易。
- **「不可能」：我的想法能實現嗎？是不是做白日夢？**
- **「不確定」：還有沒有別的可能？如果……萬一……**
- **「不容易」：出現困難怎麼辦？實現起來太困難了！**

而且，我們經常遇到的是三者混在一起，那樣的話，夢想就更難實現了，就像鄔霞的種種擔心。現在能做的，就是逐一排除這三個障礙。

我對鄔霞說：「來，我們列一份『恐懼清單』吧」。

「恐懼清單？」她有點詫異。

「是的。你剛才不是說到了好多擔心嗎？我們一個一個列出來，看看可以怎麼處理。」我知道，很多時候，**內心深藏恐懼，就會不斷地在「衝出去」和「退回來」之間徘徊**。「你想要繼續讀書，先不管別人怎麼說，也不管實不實際，這是你心裡繞不過去的關卡，那就把它作為你的夢想。我們正視它，然後一起來看看你到底有些什麼擔心。」

當我說到「夢想」的時候，看到鄔霞的眼睛裡閃著晶瑩的光。那一刻，我彷彿看見了一個重獲自由的、可以生出雙翼的天使。

我鋪開白紙，先寫下幾點：1.讀完書，工作去向尚不能確定；2.讀書要用幾年的時間，擔心自己得重新開始；3.讀書期間，不知道婚姻問題如何解決。

然後把這張紙拿給鄔霞。「你看看，還有什麼是你擔心的？你說，我來寫。」

「還有……」鄔霞一邊思索，一邊說：「還有考試吧。能不能考得過？」旋即又說：「我還是想出國讀書，問題應該也不大。」

我說：「沒問題，所有的擔心都可以先寫出來，然後我們再找策略。」

「好的，那就是擔心考試本身。除此之外，還有如果出國讀書，語言關、環境適應關怎麼過。還有……好像也沒什麼了，我就是想得比較多。」她有點不好意思地笑了笑。

「想到什麼了？」我要幫助她盡量把所有的障礙掃除。

「我還想，有沒有可能透過公司合作的國外實驗室申請學位呢？這樣會容易些。還有，將來有沒有可能重新回到現在的公司工作。」

　　我意識到，她**把「障礙」和「方法」放在一起考慮了，這是獨自思考的時候，很容易產生混亂的原因**。「先別著急，先考慮你所有的擔心，你剛才想到的那是方法，我們待會兒再說。」

　　「哦，那好像沒有了。」鄔霞有點詫異，「這麼看來，似乎也沒有什麼太多的障礙啊。」

　　「是的，我們腦海中呈現混亂的狀態，往往是因為把很多事糾纏在一起了。那麼，現在我們逐一排除這些障礙。」

　　我在剛才列舉的事項旁邊畫了一條橫線，標題寫上「**方法**」。

　　「來吧，我們一起看，你有什麼解決的方法都列出來。我們要和這些恐懼來一場『近身肉搏』了。」

　　我們一起花了半小時的時間，找到很多方法。比如，聯繫之前的校友，還有已經在國外讀書的同事，和上司溝通、爭取更多機會，用半年時間多複習、做準備……當一個個方法出現的時候，鄔霞自己要求，可以把那些「擔心」劃掉了。

　　看著鄔霞信心滿滿的樣子，我問她：「現在，你還有之前的擔心嗎？選擇錯誤的糾結還在嗎？」

　　「還會有一點吧，」鄔霞的眉頭已經展開，「不過，看著這麼多方法，我有信心。」

　　「是不是擔心選擇錯誤，未來會後悔啊？」

　　「您怎麼知道？」她驚訝道。

　　「我們這麼看，任何一種選擇都有失敗的風險。**人生不是由選擇決定的，而是由『選擇後的行動』決定的**。試想一下：如果一年後，

你收到了理想大學的錄取通知,在讀書期間,你交到了心儀的男友,並且發表了不錯的成果,這些成果對你找工作非常有價值,一畢業就收到原公司升職的邀請——你會怎麼看現在的選擇呢?」

鄔霞笑得合不攏嘴,「那可就太美了!」

「這並不是白日夢。如果那真的是你的期待,就為之努力,因為那本來就是可能的一種現實。你要做的,就是延續這個選擇之後的行動。」

她會心地點了點頭,「我明白了。對於夢想,我之前有的都是漫無邊際的恐懼和莫名其妙的焦慮,卻從來沒有這麼真正踏實地面對過。」

諮詢結束的時候,我在那張諮詢紀錄頁上,寫下一句話:**有一天,你老了,是願意走在追求夢想的路上,還是願意躺在遺憾於夢想沒有實現的床上?**

❀ ❀ ❀

一年之後,我收到一封郵件,是鄔霞發來的,標題是:**一份來自大洋彼岸的問候。**

【轉角看見】

在展望未來的時候，有些想法若隱若現，似有重重障礙，難以跨越。時間久了，我們甚至不太敢去想未來和我們的關係。但只要想法在，我們就會糾結，當內在的驅動力讓我們躍躍欲試的時候，恐懼又讓我們躊躇不前。

我們的恐懼就像內心的一個惡魔，一直在說話，但總也看不見。我們止步於恐懼，往往並非能力資源的限制。

戰勝恐懼的方法簡單易行：具體地寫出所有的恐懼。然後，像小學生考試一樣，把會解的題目做對，不會的，先放棄。慢慢地，你會發現，你會做的題目更多一些，最後的分數也不差。

自助小工具

★★做一個焦慮箱

1. 準備一個小箱子，裝飾一番，貼上一個標籤——「焦慮箱」。

2. 一旦想到什麼讓你焦慮的事情，就把它寫在紙條上，然後塞進這個箱子裡。

3. 每天，定時（比如每晚睡前，或者一大早）把這些紙條拿出來看看。

4. 如果可以處理的，盡快處理；不能處理的，就留在箱子裡。

要知道：留在箱子裡的焦慮，和你無關。

箱子裡的焦慮，是你目前無法控制的因素，這是你生活的一部分。

★★處理人際摩擦的溝通表格

處理一些人際上的摩擦時，如何提升自己的溝通能力。

溝通事項	具體是什麼事情	
對事情的看法	你的看法（梳理一下，你是怎麼看的）：	對方的看法（真正站在對方的角度來思考，這件事，對方是怎麼看的）：
如何表達	真誠地表達自己的想法：	對於對方的看法表示理解：
留有空間	詢問對方是否清楚、有什麼建議：	對於對方表示理解、表達讚賞的部分，以及可以一起努力的地方：
反思總結	反思溝通的效果如何，自己是否主動，有什麼調整的空間：	

★★恐懼清單與排除方法

你內心最想做的事是……

妨礙你做這件事的內心恐懼有哪些	你有什麼方法可以解決（緩解、調整）這些障礙
（一定要先寫這一欄，窮盡之後，再寫右側。）	
・現在，你對事情的擔心程度是幾分（特別擔心是十分）？ ・如何降低到一個你可以開始行動的程度（比如增加資源）？	

4 重寫人生劇本，活出從容淡定

我們以為的天經地義，不過是被一種人生劇本催眠了而已，如果不喜歡，你當然可以換一種。

完美女士的不完美創業

> 對於完美的追求，往往是在逃避最應該面對的事實。
> 因為明知做不到完美，就能以此為理由，讓自己「安心」了。

郝麗是一位穿著時尚的女性，一頭秀髮燙了小鬈披在肩上，充滿朝氣，而且幹練，看起來比資料表上的三十二歲要年輕一些。

「有咖啡嗎？」看了看面前的免洗杯，郝麗問道。

「即溶咖啡可以嗎？」諮詢室裡沒有現磨的咖啡。

「好吧，我下單點一杯吧。」她拿出手機下單。

「待會兒到了，請櫃檯送過來吧。」

我出門和助理交代了一下，重新落坐。

「趙老師，我目前有一個創業的機會。這次來找您諮詢，就是想請您幫我看看我適合去嗎？」郝麗開門見山。看起來，這是一次關於是否創業的生涯決策諮詢。

「具體說說呢？」我看過她的資料，之前是做民生消費品這一行的獵頭，在這個領域也有好幾年的經驗了。關於創業的想法，資料

表裡並沒有寫太多。

「我的一個朋友開了一家教育訓練公司，我們偶然間聊起來，覺得很多想法都很一致，她就想拉我一起入夥。我也確實挺感興趣，但就是心裡不太踏實。」郝麗的眉宇間有一絲憂慮。

「說說你的考慮吧。」我需要更瞭解她的想法。

「周圍的人都說創業有風險，要我謹慎一點。我也確實瞭解過，誰也不能打包票一定可以創業成功。現在的問題是，雖然不那麼滿意，但我還算有一份穩定的工作，如果選擇創業，失敗了呢？但是，創業確實對我有吸引力，家裡的經濟條件也不錯，經濟風險還是能承擔的。」我注意到，郝麗不斷用轉折詞。

「那你對創業失敗的擔心是什麼呢？」我好奇這個問題。

「就是擔心承擔不了失敗的風險啊。」她意識到自己在重複前面的話，想了想，又解釋道：「如果失敗了，那我要做什麼？之前的職涯經歷還能延續嗎？關鍵是，我對創業的前景一無所知，能想像創業成功的情況，但無法想像創業失敗的樣子，總覺得一旦失敗，就像跌落懸崖。」

創業不就該是充滿風險嗎？這不也正是創業的魅力所在嗎？這應該是這個時代應有的共識了。我如此想著，就問她：「你對創業有幾分把握？」

「六分吧。朋友已經開始經營了，我去了就是聯繫之前的資源，做好行銷管道。」郝麗這麼說。

「創業成功的把握到了幾分，你才會果斷地決定進入？」我對她

的「六分」很好奇。

「怎麼樣也得有個七、八分吧。」郝麗似乎也沒有把握。我想，就算是到了七、八分，她也一樣會有新的顧慮。

這時候咖啡送到了，我示意她先喝咖啡。

我換個話題。「聽起來，你的職涯發展也還不錯，怎麼會被一個沒有十分把握的創業計劃吸引了呢？」

郝麗放下咖啡，嘆了口氣。「現在的工作太沒意思了，雖然駕輕就熟，也還算做得不錯，因為前幾年累積了客戶，現在的業績不難完成。但我就在想，還有些什麼是我可以做的呢？我想尋找一些有挑戰的事情，透過不斷接受挑戰，來進行自我提升，不停地成長，讓自己更完美。」

「你所期待的完美，是怎樣的？」我對她的「完美」很好奇。

「做事雷厲風行，決策果斷，就像是大家眼中的女強人吧。有自己的事業，發展良好。可以結交各類職場菁英，所談所想都非常時尚、前衛，生活有品質……」郝麗說著說著，似乎沉醉在自己想像的世界。

「你所期待的這種完美狀態，和我們現在聊到的創業之間，有什麼關係呢？」

我知道，做出一個選擇，絕不是簡單的價值、風險的判斷，而是要看到選擇背後的「動機」。

「創業成功了，做大了，就是企業家了，我的期待就實現了啊。」

看來，創業是郝麗為自己設計的路徑。且不談最終是否能實現目

標，問題是，路徑本身是否為最適合她的呢？為了讓自己完美，而選擇更冒險的方式，這像是抱住一根浮木。那麼除此之外，還有什麼可能嗎？

「你剛才說，能看到自己創業成功之後的樣子。那能不能講一下，針對目前的這個計劃，如果創業成功了，具體會是怎麼樣的呢？」我想幫她把對於完美的感覺轉化為具體的狀態。

「這是一家管理顧問培訓公司，如果創業成功了，我就可以串連之前的客戶資源，把相關的諮詢與培訓產品賣出去，」郝麗想了想，又補充道：「還可以不斷擴大客戶群，深化產品服務。我也瞭解過，我對朋友那邊的產品團隊還是很有信心的。」

完美的期待、現成的路徑，一切似乎只卡在成功機率上，這也是郝麗來做諮詢的原因。我們都知道，這個機率並不是一名生涯諮詢師可以預測的。郝麗不知道的是，**如果急切地想要得到一個判斷結果，很容易把一次生涯決策變成賭博。**成與不成，最後又很容易歸因於命運的無常。

我要做的是，幫助她調整對於「完美」的期待，從漂浮的結果狀態上，落到踏實的具體追求。

「你剛才說到了挑戰、升級、成長。那麼，如果創業成功了，除了你所期待的生活狀態之外，你從中獲得的成長是什麼？」我明確地指出。

「這樣子，我就可以獨立擁有對於一項專案的整體拓展能力。之

前我所做的業務，多數都是公司安排好的，有前人的累積，也有固定的模式。創業，可以讓我獨立操作一項計畫。」郝麗頓了頓，「我知道，過程當然比較難，但是也一定會得到很多的鍛鍊。比如，瞭解客戶的需求；在產品不成熟的時候，長期追蹤客戶；在有產品的時候，為客戶提供有價值的方案。這些事情，我都沒有做過，只是想像著，或許很有挑戰。」

郝麗喝了口咖啡，沉思了一下，說：「其實，我也知道創業有風險，現在討論成功機率沒什麼意義。但我就是想要那個結果，那個完美的結果，所以就一直忍受不了可能的失敗。現在看來，我還是更應該關注創業過程中的成長。」

「我注意到，成長和自我提升，才是你最想要的。只不過，之前你會把那個創業成功的結果，那種很有魄力的女強人狀態看成是成長的指標了。」我說。

「對對對，」她頻頻點頭，「我也發現了。我想要的其實不是完美、不是創業成功，而是那種成長感！」她沉默了一下，又說：「不過，不這麼想，確實還挺難的。」

「那你有沒有想過，你的成長又是為了什麼？」

我沒有因為郝麗找到了「成長感」就停下來。我知道，這種感覺不輕易顯現，也很容易消失，如果沒有好的切入點，就會變成自己也不知所云的「心靈雞湯」了。

「成長本身就很好啊，我會很充實，有事做。不像現在的工作，

收入雖然可以，但是覺得自己並沒有什麼價值，我能做，別人也都能做。時間久了，我會越來越沒有價值的，只能依附於工作了。」郝麗想到了自己的工作內容。

「你的成長是在追求自我價值實現嗎？」我捕捉到了「價值」。

「應該是的，我也想證明自己很有價值。」她若有所思。

「那麼，我們來看看，其實你追求的是自我價值實現。背後的原因是感覺到自己的工作缺乏價值。於是，你就希望獲得成長，展現更大的價值。現在有一個創業的機會，你覺得或許可以在這個過程中實現自我成長、展現價值，但是又擔心結果不確定，於是才有了對於是否選擇創業的糾結。」我一邊講，一邊畫出圖示說明，用很慢的語速講著這個思考的邏輯。

看到郝麗點頭了。我繼續說：「獲得成長、實現價值，或許不只有創業這一條路徑，或許也不一定只有把一件風險很大的事情做成功這一種標準。」邊說，我邊在白紙上寫下「**路徑**」、「**標準**」，然後畫上問號。

郝麗自己就有了思路。「對呀，不一定非要出去創業。目前公司裡也有內部創業的機會。還有，我也可以兼職幫朋友創業，這樣的風險小一些。或許，我該主動一點，遇到可以鍛鍊的機會，就主動申請，任何一個案子都是自我成長的機會。與創業不一樣，我可以選擇風險小一些的事情，這樣我就更有掌控感了。」

她接著說：「我也可以把價值實現的標準訂得再實際一些，只要有事做，只要有成長點，我的價值就在不斷提升。這樣不斷累積下來，我那個職場菁英的完美狀態自然會到來的！」看得出來，因為

找到方向切入，她說得越來越興奮了。

　　我一點點記錄下郝麗的想法，再和她確認其中可以開始的計劃。

　　諮詢結束的時候，她和我開玩笑地說：「我們再也不用討論那個創業的決定了。」

✿ ✿ ✿

　　一個月後，我收到了郝麗的郵件。郵件的標題是：**我不再追求完美，完美就來了。**

　　原來，在調整狀態之後，她看到了一種新的可能性，將現有公司的業務和朋友的創業團隊做了串連，籌劃成立一個新的專案部，身為提案人的她成了專案部負責人。

【轉角看見】

我們追求完美的時候，是在追求什麼？

我們對於完美的追求，看似是對自己的嚴格要求，但往往都是在逃避最應該面對的事實。因為明知做不到完美，這樣就可以此為理由，讓自己「安心」了。

然而，每一個對於自我成長和價值實現有追求的人，一方面自我欺騙地讓自己安心，另一方面卻又無比焦慮地尋找出路；看似在做決定，實則是原地打轉。「完美」就像一個陷阱，讓人難以脫身。

我們經常不認為自己在追求「完美」，因為那是別人可以實現的狀態，我們認為自己也可以。然而，對任何一個目標的評價，一定是要結合資源來看的。

如果以我們的資源暫時難以企及，那就放下這個目標，轉到接近內心的目標去。你會發現，自己獲得了更多可能性。

打開自卑的心鎖

> 想要獲得成就感，
> 「面對過去的挫折」是打開自卑心鎖的方式。

在為諮詢師進行教育訓練的時候，有一項練習：我會讓學員用一種比喻來形容工作中的諮詢師，以此來調整學員對於諮詢的理解。經常會有學員說：「諮詢師像是一個偵探，因為諮詢師要從各種細節中，分析出來訪者所講內容的真實性。」

聽到這樣的理解，我就會問：「然後呢？如果發現你的來訪者講的內容可能是假的，或者前後不一致，身為諮詢師，你會怎麼做呢？直接指出，對質？那你們的諮詢關係可能就有敵對的味道了。這是你能夠處理的嗎？」

或許有人會認為，可以洞悉內心、一語道破玄機的諮詢師都是高手。但是他們不知道的是，一個人高明的地方不在於「道破」，而在於真誠地表達。在我看來，來訪者在諮詢室裡的表現，包括言不由衷的混亂，都是他們所能呈現出來的最大真誠了。諮詢師的真誠不在於透過蛛絲馬跡發現「真相」，而是對於「不一致」所表現出

來的好奇。

在諮詢資料表上，「雲雀」名字的旁邊，加了一個括號「（網名）」。我猜，不想以真名示人，還故意標記了「網名」，或許是有原因的吧。資料表上的內容很少，只有「三十八歲」的年齡，和「外商企劃部」的工作資歷。在「諮詢期待」一欄裡，明確而簡單地寫著：**轉行**。

「老師，我們一起來探索一下我的價值觀吧。」諮詢一開始，雲雀就講出了一個「專業的」詞彙，顯然，她是有備而來。「我覺得目前的工作不適合我，主要原因就在於價值觀不相符。」

「那你追求的理想工作是什麼樣的呢？」

「可以接觸到層次較高的人脈、有智慧的人，有和諧、融洽的人際關係，能夠在幫助別人的過程中獲得成就感。」然後，雲雀總結道：「社會地位、和諧關係、利他助人、智慧，趙老師，這些是不是就是我的價值觀呢？」

雲雀對自己想要什麼似乎非常清楚。那麼，她來諮詢的原因是什麼呢？是缺少選項，還是能力不足？「看來你對自己的瞭解還滿多的，有目標了嗎？」

「這正是我想要說的。」雲雀似乎做好了準備，「每當我想到一個目標的時候，就會有懷疑：這真的是我想要的嗎？我想過要去NGO 組織（即非政府組織，Non-Governmental Organizations），或者一些基金會，好像會滿足我之前的一些想法，但是又覺得缺乏衝

勁，時間久了就沒有意思了。我還想過從事自由業，專門的助人者，比如諮詢師，可是又覺得可能壓力會滿大的。我還想過跳槽去大企業的社會責任部門，負責類似公關的工作，又擔心努力之後並不能得到自己所期待的價值。實際上，如果認真分析，我目前的工作也還可以，甚至仔細評估起來，社會地位、和諧關係、利他助人、智慧這幾項的綜合得分不比其他選項少。」

　　我用心地聽，似乎能感覺到那些意味著價值觀的詞彙，對於雲雀來講雖說是華麗動聽，卻又空洞乾癟，她並沒有深切的體會和感受。

　　「那就說說你現在的這份工作吧。我看到你在諮詢資料表裡填了『轉行』，是對目前的工作不滿意嗎？」

　　「平淡無奇。」雲雀說得非常簡潔而堅定。

　　「平淡無奇？」我加上了疑問語氣，重複一遍。

　　「是的，平淡無奇，一切按部就班，很難有成就感。」她的語氣中出現了一絲焦躁。

　　「成就感？你剛才沒有提到這個詞。」

　　「哦？」她愣了一下，「那就加上吧。」

　　「成就感和你之前說到過的社會地位、和諧關係、利他助人、智慧之間，都有什麼關係呢？」

　　「好問題，好問題。」雲雀一邊喃喃自語，一邊陷入思考。

　　過了一會兒，「或許，利他助人和智慧都是一種獲得成就感的方式，和諧關係是我對於工作環境的期待，社會地位是獲得成就感的

表現。」雲雀看著我，似乎是想要獲得一種肯定。

「目前工作中的成就感怎樣呢？」

聽到這個問題，她的情緒有點低落。「就是我剛才說的啊，平淡無奇，按部就班，沒有什麼成就感。」

「那麼，在工作中，你有沒有為獲得成就感創造機會呢？比如，主動申請一些有難度的工作，承擔一些有挑戰的任務。」

我知道在工作中，每個人都會有很多機會透過迎接挑戰來提升能力，證明自我價值。如果沒有抓住這些機會，那自然很難獲得成就感了。

「我……」剛要說話，雲雀又停住了，「不想創造機會。」

「為什麼呢？」

「他們都看不起我。」

「他們是誰？為什麼看不起你？」

雲雀把目光看向地面。沉默了好一會兒，她抬起頭說：「也不能怪別人看不起我，其實是我自己自卑。」

看著眼前這位光鮮亮麗的粉領菁英，我特別好奇她的「自卑」從哪裡來。我沒有說話，問題就自然浮現在眼神裡。雲雀正了正有些僵化的身體，然後說了一個多年前的經歷。

那是十年前，雲雀有一個在全公司進行專案介紹的機會，部門負責人看好她，就把這件任務交給她來完成。本來一切都準備好了，臨上場的時候，她還是膽怯了，說什麼也不去。最後，部門老大自己上去講了。

　　這件事在部門裡成了一個重要話題，被議論了好久。從此以後，老闆再也不敢給雲雀安排任務，她自己也不再主動做什麼有挑戰的事情了。

　　雲雀說：「我就是覺得自己什麼都做不好，只能做些平淡無奇的工作吧。」

　　又一個「平淡無奇」！

　　我知道，對雲雀來說，已經忍受這樣的「平淡無奇」好多年了。**內心中對於「成就感」的渴望，像是被關進了一個侷促、狹小的房間，「自卑」就是緊鎖的門，她一直想要衝破這道門，把「成就感」放出去。轉行和跳槽，只是她努力尋找成就感的一種方式，也是自卑的一塊遮羞布。**

　　我想，如果不解開這個心結，或許下一次在關鍵時刻，她依然會打退堂鼓。

　　「你認為自己什麼都做不好，所以不敢嘗試。但是又不甘心，不希望一直這樣，於是，就希望換一個環境，企圖在一個心理壓力小、束縛少的地方，闖出一片天地。」我看到了雲雀眼神的回應，「但你有沒有想過，跳槽、轉行談何容易。雖然換了環境，或許會減少心理壓力，但是要面對新環境適應和能力累積等問題，這樣的現實困難可能不比你克服自卑的壓力更小。何況，如果你心存芥蒂，遇到困難的時候，會不會還是對自己有較低的評價呢？」

　　雲雀意識到自己是繞了一個大圈子，「那怎麼辦呢？事情已經過去

多年，該怎麼彌補呢？大家似乎已經對我形成一種固定的評價了。」

「如果你意識到這是一項你需要修練的功課，那從現在開始面對就好了。在老環境裡，你也可以做一個新人。」

對於雲雀來說，**想要獲得成就感，「面對過去的挫折」是打開自卑心鎖的方式。**

「喏，你看，你剛才講過的那件事，只是一次經歷而已。而你所說的『自卑』，是把這一次經歷變成了對自己的普遍評價。我們現在需要重新認真地看看，那次不敢當眾發言做簡報，是因為什麼？是沒有準備好，還是不敢當眾講話，抑或是別的什麼原因？這件事和你再去迎接新挑戰，有什麼關係？會讓你有什麼啟發？你可以怎麼做？」我一個問題、一個問題地提出來，慢慢地，我看雲雀的眼珠在轉動。

「趙老師，」雲雀自顧自地思考著，冷不防地打斷我，「我忽然有了一個啟發，自卑因這件事而起，卻和這件事無關。相反地，如果我想要建立自己的成就感，也可以有很多種方法。我要做自己擅長的事情，而不是繼續尋找一件模糊的、更有挑戰的事情，否則我很可能再次掉進洞裡。」她語速很快地把這些說完，好像還意猶未盡。

「你已經開始拿回主動權了，建立成就感，讓自卑消弭於無形。」

當雲雀開始列舉選項的時候，我知道她就已經不再逃避了。

接著，我就和雲雀一起梳理她曾經做過的有成就感的事情，這些事都發生在十年之前了，雖然塵封多年，卻歷歷在目：辦過校友活

動、籌備過圈子聚會、參與過高層論壇,這些活動都辦得周密而精彩。

「怪不得你追求的價值觀裡面有社會地位、和諧關係、利他助人、智慧,原來你的經歷曾經給你帶來過這樣的成就感。我們要看到的是在那個背後,讓你獲得成就感的方式,也就是你的『能力優勢』。優勢找到了,就找到了源頭,成就感就像自來水一樣,源源不斷了。」我的這個比喻把雲雀逗樂了。

當我們把雲雀的優勢能力逐一分析出來以後,她恍然大悟:這麼多年過去,竟然沒有在其中任何一項上做過努力,也沒有再嘗試著迎接更大的挑戰。

「你看,**一次曾經的挫折,堵住了門口,擋住了你的優勢隊伍的千軍萬馬。**」

「那這個挫折算什麼呢?和我的優勢有什麼關係?為什麼能產生這麼大的作用?」顯然,她自己開始主動地深入思考了。

「或許,這次經歷就是你曾經想做的一次嘗試吧。只是這項嘗試對你而言是一個重大突破,你沒有挑戰成功而已。你能做的,可以是回到優勢區域,繼續累積成就感,讓自己更有自信。還可以把類似的挑戰降低難度,修出臺階,一步步到達。」我看了看雲雀,她的臉上有了光彩,「只是,別因此給自己關上門,把自己禁錮起來。」

「我知道該怎麼做了,從現在開始,我要把『發揮優勢,重建成就感』當成我的主要目標。」雲雀信心滿滿,「這麼看來,現在的工作也還是有不少機會的。你說,我的同事會不會不適應我的變化

呢？」她自己顯然已經看到了什麼畫面，忍不住開心起來。

「對了，趙老師，雲雀是我的網名，你怎麼沒問我的真名？」
「你沒告訴我，說明不重要。我知道的是，雲雀不僅飛得高，飛得漂亮，而且還能一邊飛行，一邊歌唱。」
「那就是我想要的樣子。」

【轉角看見】

· 獲得自信的三個攻略：

1. 自信不是憑空產生的，必須透過做事情，獲得成就感，才能找到自信。
2. 挫折會打擊自信，但永遠不要躲避它。從挫折中學會認識自己，也是一種正面的面對。
3. 每個人都有優、劣勢。「用優勢，避劣勢」是一種策略，不是一種無能。

面對困難和挫折，並不總是要打敗它。正視，而不躲避，何嘗不是一種應對策略？我們本可以成就一番事業，只要不把注意力放在如何逃避恐懼上。

拿著成功日曆
尋找震撼的財務經理

> 你的計劃，最大的問題就是「不允許可能性的出現」，
> 使得你的職涯發展看起來似乎也缺乏可能性。

午後，我在辦公室進行諮詢前的準備。

我又看了一遍諮詢資料表——郜原，男，三十四歲，某大企業財務經理，最初的學歷是專科，後來讀了碩士。諮詢的問題是：**要不要離職，希望有一個特別實際的計劃。**

我看了一下助理記錄的內容：**一年之內，在兩家職涯規劃機構做過諮詢，都不滿意。我們自己的諮詢師看了資料，也都不願意接這個案例。**

我站起身，走到門口，問外面的助理：「小張，今天下午郜原的案子，還有什麼需要補充的嗎？」

「嗯，」小張面有難色，「這個案主⋯⋯好像比較挑剔。」

「怎麼說？」

「諮詢前，對我們的諮詢結果反覆進行確認：『能夠給我一個結果嗎？會有一個具體方案嗎？諮詢幾次？兩個月夠嗎？如果不滿意怎麼辦？』」顯然，助理對於前期這樣帶有質疑的溝通心存芥蒂。

「哦，沒關係，案主的這些疑問都很正常。還有嗎？」

看我不以為意，小張繼續說：「這位案主似乎對自己的發展思路挺清楚的，其他諮詢師感覺給不了他什麼協助。他似乎就是希望聽到更加專業的分析。具體的，我也不清楚了。」助理特別強調了「專業」。

「專業的分析？」我的腦海裡立刻浮現出一張嚴肅的面孔。我笑了笑，這個幌子足以擊倒一個諮詢師的自信了。「好的，小張，我知道了。謝謝你！」

我心想：「嘿嘿，怎樣才算是專業呢？下午見吧。」

下午兩點，我聽到諮詢室外助理的聲音：「郜先生，請到這邊！」

「趙昂老師，來訪者到了。」

我站起來，觀察了一下對面這位男士：穿著西裝，拎著一個公事包，目光冷峻。雖然正值盛夏，但他仍規規矩矩地打著領帶。沒有看到出汗，應該不是搭乘大眾交通工具過來的。

我打招呼道：「郜原，您好，我是諮詢師趙昂。請坐吧。」

「趙老師，我們有更好一點的諮詢室嗎？這裡，有點太小了。」郜原四處打量了一下，並沒有準備坐下來。

「對不起，我們今天正好約到了這間諮詢室，條件有限。如果你覺得不舒服，我們可以下次調整。」我溫柔而堅定地拒絕他。

「好吧。」郜原有點無奈地坐了下來。我想，或許這真是位挑剔的來訪者呢。

郜原從包包裡掏出一本裝訂好的冊子說：「趙昂老師，你先看看這個。這是我為自己做的職涯發展規劃。」

「這是你的資料嗎？怎麼之前沒寄給我？」我接過來問道。

「哦，我之前沒有完全做好，今天上午又修改了一遍。」看得出來，他對自己也挺挑剔的。

我接過來，打開冊子，掃了一眼。確實是非常清楚的計劃，如何做、怎麼做，目標、執行計劃、表格、圖示、分析，非常全面了。我忽然意識到了什麼，把冊子放在一邊。

「談談你對於諮詢的期待吧。」

「就是希望老師幫我看看我的職涯規劃，」郜原指了一下那本冊子說：「然後提出一些我想不到的地方。」

「嗯，好的，我們待會兒一起討論你的計劃。除了看這份職涯計劃，你對於我們的諮詢，還有什麼期待嗎？」我故意把他說的「規劃」代換成「計劃」。

「還希望對我有分析。我覺得你們應該更專業，能幫我看到我自己看不到的地方。」

「你所說的這個你『看不到的地方』，主要是指哪方面？」

「這個你們更專業啊。幫我看看哪裡有漏洞、怎麼樣才能更完美，或者有什麼提醒，或對我有什麼更深入的分析。」郜原很坦誠。

「好的。還有嗎？」

「還有就是最後再幫我判斷一下我是否需要跳槽，未來如何發展，我的計劃是不是夠實際。」我感覺他又繞回原點。

生活中，我們經常會被「問題」所引導，為了得到一個答案，而陷入一種渾然不自知的「應答模式」中。一旦陷入這種模式，就會忘記自己本來想要做的事，只顧著不斷找答案。

現在，郜原出了題目。如果只是給出答案，可以預料，應答者無論如何也無法讓一個追求完美的出題人滿意。我想，需要跳出問題，重新調整節奏。

「好的，我都記下來了。我們先來分析一下你的生涯歷程吧。」

此時，我希望放下那份「完美計劃」，進入生動、鮮活的生涯歷程，看得更全面一些。

郜原的簡歷很簡單，他談得也很簡單，但我還是仔細地問了一些細節。

他讀的是專科，這段經歷在他看來就是一個「錯誤」。高中時，他的成績很好，大學考試時失常，家裡的壓力讓他不得已讀了大專。他說，從此進入了「學歷陰影」。畢業後，家人幫忙安排了一個事業機構的「好職位」。這個職位，讓他受不了的是「無所事事」、「關係複雜」。他決定考研究所，這於他而言，是一種解脫，也是一種提升。

經過充分的準備，他考上了研究所，而且是名校。為了擺脫之前的學歷背景，他的成績異常出色，同時也帶來了「自恃清高」、「人

緣一般」的評價。

轉眼間，研究所畢業也快十年了。這十年裡，他在一家公司從出納做到了財務經理，並且進入公司的投融資部門，負責相關專案的財務分析。

我很佩服郜原那種不肯服輸的韌性，說道：「看起來，這一路走來真不容易，你取得了令人羨慕的成就呢。」

「成就？」他愣了一下，「還不至於說『成就』吧。或許努力了一些，但是做得遠遠不夠。」看來，他對自己的發展有所不滿。

「那麼，你怎麼看待現在的這份工作呢？」

郜原所在的公司是一家大企業，業界的領頭羊，規模大，業務廣，部門多。

「這份工作不錯，收入可以，還有不錯的學習成長機制。但是，就是因為公司太大了，就感覺我的職涯發展總在一個圈圈裡，所做的事情在這幾年裡都沒有什麼變化，而且做得越熟練，就越不會有變動。」他說出了所有大公司的一個特徵。「此外，在公司裡，我看不到有什麼升職空間了。專家太多，我覺得任何一個領域都足夠我研究一輩子的，面對這樣的情況，我簡直就像是被淹沒了。」

「所以，你感覺不到職業的成就感？」

「是的。不僅缺乏成就感，我還很擔心未來的出路。」郜原說出了更大的憂慮，「人無遠慮，必有近憂，如果現在不為十年後著想，個人價值就會更依附於公司。而公司太大，我慢慢地就沒有了競爭力，將來怎麼辦啊？」他說得很有道理。

「你在之前的職涯階段發展得很好，很快就提升了自己的能力，並在一個領域成為一個專家。」我幫他分析，「現在你要進入下一個生涯階段，最需要的是平臺，一個可以幫你提升能力與格局的平臺，這才能創造新的可能性。」

「是的，你說得不錯，我也是這麼想的。你看，我在計劃裡都列出來了。」郜原又提到了他的計劃。

「那我們來看看你的計劃吧。」

我拿起了他的計劃：專業資格考試、各種職場能力提升、參加專業的培訓課程……似乎很詳細了。

「從你的職涯發展來看，你的優勢集中在專業經驗上。」我分析道。

「是的。」郜原點頭。

「從你的計劃來看，似乎還是準備把重心放在專業能力提升上。」

「是的。有什麼不對嗎？」

「你需要為自己找一個具有更大可能性的平臺。」

「你是說要我辭職？去哪裡呢？我也為這件事頭痛。」

「不是辭職。能給你帶來可能性的平臺既可以在公司之外，也可以在公司內，但你一定要突破之前的做事方式。比如，替自己設定一個需要拓展的職涯目標。」

「我也想過這個，但是能不能再務實一些？」郜原表現出了「一切盡在我意料之中」的態度。

於是我就開始和他一起分析在本業內如何拓展可能性，如何從熟悉的領域切入並展開。

　　然而，在分析的時候，郜原不是表示什麼都知道，就是表示實際情況並不會那麼容易。我忽然有一個感覺：我在拚命找方法，而他在拚命拒絕。

　　意識到這點，我停了下來。

　　「郜原，你看，諮詢到現在，我們分析了你的特點，也分析了一些可能的方案，不知你有什麼感想？」

　　「分析得挺清楚的，很多我都想過，但是似乎不夠震撼。」謝天謝地，他說出了心裡話。

　　「你需要什麼樣的震撼呢？」我很好奇地問。這應該是個突破點。

　　「就是直接指出我的問題，指出我該怎麼做才能實現我的目標。我總是不太放心。」

　　我想，我知道問題的關鍵了，說道：「你之前做過諮詢，是不是也得不到你想像的效果？」

　　「是的。都是給我一些目標分析，我都知道的。」郜原的嘴角露出一絲不屑。

　　這是必然，生涯諮詢師不可能比來訪者更清楚他的業界情況和具體職場消息。

　　「所以，你是期待一個神一樣的專家為你做諮詢。」沒等他回答，我接著說：「但你也是專家，並且一直抱持著專家的態度，不肯放下對諮詢的評判。你有沒有感覺到你在和諮詢師辯論？」

　　我看到郜原有點驚訝，繼續說道：「表面上，你在和諮詢師辯論；

實際上，你是在和自己對抗。你一直不相信自己能在職涯上有所突破，所以你在扮演著一個批判者的角色，對諮詢師提出的種種方案進行駁斥，而不是真正投入地一起來分析實現的可能性。」

我拿起了他的那份計劃。「你看，你的計劃制訂得如此完美，完美到無懈可擊。然後，你躺在完美的計劃上，等著成功出現。但是，這終究只是計劃，其中也藏著你的隱憂。計劃中有很多不可控的因素，你知道這些不可控的因素，既有可能毀了你的計劃，也有可能給你帶來成就。**但你追求完美和確定，期待一切都在計劃中，期待成功就是一本日曆，你只需要這麼撕呀撕呀，就能撕到成功的那一頁。**」

郜原有些愣住了。

我慢慢地說：「這份計劃最大的問題就是『不允許可能性的出現』，不管是好的可能性，還是壞的可能性。所以，看起來你的職涯發展似乎也缺乏可能性。成功並不是從確立目標直接就跳到了結果，中間有探索方向、確定方向、儲備資源、提升能力、進行調整、蒐集回饋、拓展平臺、創造機會與逐漸實現等許多步驟。**那種從開頭就設定了結尾的邏輯，不是職場的真實邏輯。**而你所處的發展階段，具備更強的可控和不可控特點。」

看得出來，我的這番話可能確實「震撼」到了郜原。

「所以，」我停頓了一下，「郜原，你最需要提升的能力，不是你計劃中的業務能力，而是敢於突破和冒險的能力。**一直以來，你都是依靠一些確定的評估方式來證明自己的實力**，比如學歷、專業

資格、職業素養。這些讓你取得了過去的成就感,所以你就更依賴於此。而現在,你需要的是突破,突破一種框架,尋找新的可能性。如果還是希望躲在一旁悄悄練功,有一天能一飛沖天,這似乎是不大可能了。重要的是,如果不嘗試去突破,你連該練些什麼都不知道。」

「是的,」郤原說話了,「這也確實是問題。那該怎麼突破呢?」

「突破可不是計劃,而是『允許可能性發生』的一種思維方式。」我笑了,「你比較善於內在歸因,如果外界有什麼負向的回應,你都會將其歸咎於自己的能力不行,然後就回去憋著練能力,期待自己成功。這中間,即便有新的可能性發生,你也看不見。如果轉換一種思路呢?**給計劃留白。想到了第一個目標,不用事事周全,就帶著期待開始行動。**」

郤原的眼睛亮了,「那我們重新制訂一份計劃吧,一份有更多可能性的計劃。」

於是,我們一起分析了在熟悉的領域,如何為自己爭取更多的業務空間,如何透過承擔更多責任來增加資源、駕馭能力,提升格局和拓展平臺。

最後,我幫他總結了幾個關鍵點:

・嘗試不同的業務方向,進而拓展業務能力,雖然有可能失敗。

・嘗試系統化地進行整合和呈現,進而提升自己的專業度,雖然有可能很難。

・嘗試主導新的專案,進而探索自己能力的可能性,雖然有可能

受挫。

‧嘗試進入非本領域的圈子，進而拓展職涯視野和人脈圈，雖然有可能不適應。

看了看錶，一次諮詢就要結束了。告別的時候，郜原有點感慨地說：「原來，專業也有很多種啊。」

我說，專業只有一種，就是能解決問題。

【轉角看見】

當職涯進入平原期的時候，就一定需要新的方式來進行發展的突破：嘗試做不同的事，嘗試接觸不同的人，嘗試發展新的能力。

這樣的嘗試雖然有一些冒險，但可能是達成突破的唯一路徑。只有這樣，才有可能發展出新的自我，職涯發展的瓶頸就由內而外地打破了。

我們因為一種模式而成功，也就有可能因為一種模式而僵化。隨著年齡的增長，我們的生涯突破，就來自於我們給自己的留白。

成功不是寫在計劃好的日曆上，而是寫在每一步確定的小成長裡。

想要自由飛翔的服裝視覺陳列師

> 在你的這一場冒險裡，什麼嘗試都有可能失敗，
> 但是，如果連你都不支持自己，你就徹底失敗了。

　　渴望自由的小鳥，是屬於藍天的，正如渴望自由的人，渴望展示自己的才華、追尋自己的熱愛。這樣的小鳥，籠子關不住；這樣的人，不能被束縛。

　　看到諮詢資料表的時候，我特別留意了一下性別，因為她的名字叫「勝男」。一個女孩子，取了一個名字叫勝男，希望能勝過男孩。可以猜想，這其中既有取名字的人雄心勃勃的期待，又有對於性別認識的不足。

　　資料上還顯示，年齡：二十八歲。職業狀態：**離職，半年**。諮詢訴求：**進行能力探索，確立職涯定位**。從職涯簡歷中，我看到，勝男當過編輯、做過企劃。現在，想成為服裝業的視覺陳列師。

　　諮詢室裡，我見到了勝男，一名個子高䠷、樣貌端莊的女孩，穿著時尚明快而不過分豔麗，明亮的眼睛裡透著真誠，言談舉止帶著

大方。我們互致問候，然後落坐，簡單的諮詢開場白之後，我問她：「我從資料表裡看到，你希望定位自己的職涯方向。那就先描述一下你過去的職涯經歷吧，我們從經歷中來分析你的特質。」

「我之前是做報社編輯的，兩年前辭職了，然後做了一段時間的企劃，又辭職了。偶然的機會，我喜歡上了服裝的『視覺陳列師』這個職業，特別喜歡，就開始參加培訓，但是現在發現這條路並不好走。所以，就想請老師幫忙規劃一下未來的出路。」勝男說得非常簡潔。

但從這段內容裡，我感覺到一點異樣。我追問她：「能不能具體說一說兩年前的工作情況。那份報社編輯的工作，在很多人眼裡應該是一個很不錯的選擇，你為什麼要辭職呢？」

「其實，我是在將要被轉成正職的時候才辭職的。」勝男描述道：「這確實是一份令人羨慕的工作，當初也是因為這份工作能讓父母安心、能向別人炫耀，我才選擇這份體制內的工作。可是，紙媒走向衰落的時候，有些公司沒能很好地轉型，空有一個平臺，並沒有太多可以發揮的空間。環境束縛，人際關係壓抑，眼看著要拿到手的正職資格，卻像一個要把自己關起來的金絲籠。一想到今後就要永遠待在一個自己不喜歡的地方，我就忍受不了。於是就辭了職，立刻逃出來了。」

勝男描述的確實是一些媒體存在的情況，對於追求自由的人來說，早點離開可能是件好事。「那你父母那邊，你是怎麼和他們說的呢？」

「一開始我沒說，後來才慢慢告訴他們。雖然覺得很為難，但畢竟是一輩子的事，我還是做了決定。為了這件事，爸媽和我好久不

說話。」勝男低下了頭。

看來，她是一個有主見的女孩子。

「那份企劃的工作呢，做得怎麼樣？是什麼情況？」我繼續問她。

她把頭埋得更低了。「老師，其實那份工作，我是被辭退的。」

「哦？能說說原因嗎？」聽她這麼說，我想，可能有故事。

原來，勝男從報社辭職後，就來到了北京，在一家公司做企劃。試用期中，因為一次請假違反公司規定，就被辭退了。「我真不該請假的，只是我不好意思拒絕朋友的邀請。老師，這是我還不夠職業化。您說，我是不是需要提升職業化能力？」勝男的話語中，滿是悔意。

「等等，你剛才說請假了。那麼，准假了嗎？」

「准了。」

「公司不准在試用期請假嗎？」

「是的。」

「你知道這個規定嗎？」

「不知道。」

勝男的回答，讓我留下一臉的錯愕。一家公司不會因為這件小事就辭退一個人吧？

「可能是因為我總是容易犯錯吧。」勝男開始歸咎在自己身上，「我都不知道我做了些什麼。」她不僅沒有原諒自己，反而向我證明她的錯誤，還講了她曾經在做編輯的時候，因為粗心犯的錯。

「連想做服裝視覺陳列師也是。本來參加完培訓，有幾個不錯的

工作機會，竟然都糊裡糊塗地錯過。等我回過神來的時候，就沒有合適的機會了。就這樣，我失業在家一年多了。」原來從編輯辭職之後的兩年時間裡，她還失業了一年多。

「工作中，誰都難免犯錯。」我忍不住要安慰她。

「不，老師，不知道為什麼，我覺得自己總是犯錯。當編輯的時候犯錯，做企劃的時候犯錯。好不容易，找到自己喜歡的工作，想成為服裝視覺陳列師，因為自己的疏忽還是犯了錯。我是不是就不該這麼貪心？我是不是想得太多了，自己根本沒有這個能力？我是不是就該在一個穩定的工作環境裡待著？我真不該這麼粗心，不該錯失寶貴的機會⋯⋯」

她一直在自責，像一個不斷認錯的孩子，彷彿「錯誤」就是她人生中的主旋律，讓人不禁心生憐憫。忽然，我想到了她的名字——我想，會不會當初她的父母也這麼說，她的出生就是錯誤？

不去猜了，也不應該這麼去問。現在，最重要的是幫助她把自己的「錯誤」標籤撕去。否則，一隻想要自由飛翔的小鳥，就會因為曾經遭彈丸襲擊，而變成「驚弓之鳥」，是再也不敢飛上枝梢的。

我看著勝男，緩緩地說：「當編輯的時候出現失誤，說明你的編輯能力暫時不足。做企劃的時候請假，說明你沒有獲得公司足夠的規定資訊。想做服裝視覺陳列師，錯過了機會，說明你還沒準備好。但這並不注定你的人生是『錯誤人生』。」

勝男有點驚訝地看著我。

「包括離開編輯工作、做企劃、參加視覺陳列師的培訓，這些都是你在為自己想要的生活所做出的努力和嘗試。這些不是錯誤，」我一字一句地說：「這是你的冒險。什麼嘗試都有可能失敗，但是如果連你都不支持自己，你就徹底失敗了。」

勝男哭了，掩面而泣，肩膀抽動。我知道，她看到了那個委屈的自己。

慢慢平復情緒之後，勝男和我說起了她童年的一次經歷。小學時，因為一次考試失誤，成績落後了幾名，老師當著全班同學的面，把她的班級幹部職務給撤銷了。當選幹部，是她的夢想，她還一度幻想著要在當幹部的時候幫助同學一起進步。勝男此時把這件事說出來，可見這件事對她打擊很大，一直影響到現在。

靜靜地聽完，我邀請勝男一起來做一個練習：先把至今還記得的、過往人生中發生的各種各樣的「糗事」、「錯誤」、「挫折」都寫出來，每件事用一個題目標記。我拿出一張白紙，對摺了一下，遞給她。

勝男拿起筆，伏案開始寫起來。一件事一行，一共寫了十幾行，然後拿給我看。

我在半頁紙的上面寫下：**失敗透頂的人生**。看到這行字，她笑了。「也沒那麼失敗透頂吧？」

我把另外一半掀開，又放在勝男面前。「來，我們玩一個翻轉。你對照著之前的每件事，重新寫一個題目，要求是『**同樣的事實，不同的解讀**』，結論完全翻轉。」

看看我，又看看那張紙，勝男面露難色。我知道，這個過程不容易。

「我給你三個視角進行翻轉。**第一個視角：有些事，除了壞處，你看到了什麼好處？**比如，小學的時候，你被撤職，但是有了更多玩耍和學習的時間。**第二個視角：從長遠來看，這件事給你帶來什麼意義？**比如，你辭職不做編輯，順應了時代發展，也開拓了自己的可能性。**第三個視角：即便失敗和犯錯誤，但是你絕不會後悔，那是因為你在追求什麼？**比如，因為請假被辭退，你是在追求友誼；錯過了服裝視覺陳列師的就業機會，你是在追求更好的可能性。」說到這裡，我停下來，示意她想想看。

勝男彷彿一下子就打開了自己，開始在白紙上寫下各種「意義」、「價值」、「追求」。有「自由」、「美好」，有「成就感」、「充實」，還有「溫暖」、「藝術」、「生活」。

一會兒工夫，就寫完了，看著這張紙，她的臉上露出了笑容。

我接過來，在上面寫上：光輝璀璨的人生。勝男的笑容更燦爛了。

「現在，我們可以看看你的服裝視覺陳列師夢想了。」我把話題轉了回來，「你有沒有發現，你一直在追求美好的生活，希望把這種美好帶給更多人；你也追求自由的生活方式，希望憑藉著自己的實力養活自己。而這些追求，在視覺陳列師這份職業裡，恰好可以得到滿足。」

「是的，當初，我就是特別想做這個，今天聽您這麼一分析，我更加堅定了。」

「那我們就一起看看，需要為這個目標做些什麼準備吧。」

　　時隔一年半，好多事情都要重新展開。接下來要做的事情非常明確：做職業訪談，聯繫之前的培訓老師，廣泛寄出應徵資料，整理簡歷，進行面試輔導。

　　勝男列完計劃，嘆了一口氣，說：「還真是有好多的任務要完成呢！」

　　「是的，這些事情急不得，需要一件件來完成。」我對勝男說：「如果五年後，你重新回頭看這段經歷，會對現在的自己說些什麼呢？」

　　「我會說：別氣餒，堅持住。你已經挺過了最艱難的一段時光，再跨過眼前這個小障礙，會有美好的生活等著你！」她的臉上閃耀著光彩。

　　我為勝男感到高興，一隻受過驚嚇的小鳥，很快就要飛起來了。

　　諮詢結束的時候，我給她留了一個作業：每天晚上，睡覺前，用十分鐘時間和自己對話一下，鼓勵和讚美自己。我知道，她可能還會搖擺，需要用這樣的方式，持續地給自己能量，呵護自己。

❀ ❀ ❀

　　之後的兩個月裡，勝男打過兩次電話給我，每次都是哭訴求職的艱難，我沒說什麼，就只是默默地聽著。等她講完了，看我沒說話，她就會又說：「老師，您說，我是不是應該繼續？」

　　「是的，你需要繼續。你可以的。你需要從挫折中歸納出經驗。」

我每次都這麼堅定地告訴她。

然後，有一段時間沒有她的消息。

四個月後的一天，一個陽光明媚的秋日，我接到勝男的電話。「老師，我成為服裝業的視覺陳列師了！」電話那頭，是抑制不住的興奮，「您是我第一個報告的人。」

那一刻，我也情不自禁地眼眶濕了。

後來我才知道，勝男真是不容易，好多公司都沒有合適的職位。最後有一家公司說，可以先做門市人員看看，合適的話，三個月試用期滿後，再轉職務。結果，不到兩個月，勝男就因為工作出色、業績好而破格轉調，成了專職的服裝視覺陳列師。

追求自由的小鳥啊，終於飛起來了。

是鳥就該自由飛翔，老鷹有搏擊長空的自由，小鳥也有背負青天的自由。是小鳥還是老鷹不重要，飛多高也不重要，關鍵是，不要被曾經的彈丸嚇得不敢飛了。

【轉角看見】

有一種自卑是長期被最親近的人否定和打壓的結果，以致自己喪失了追求夢想的信心。經年累月，這樣的否定已經長在心裡，即便沒有別人的非議，自己也會否定自己。

· 重塑信心需要慢慢來：

1. 梳理每一件自己被否定過、被打擊過的事，換一個角度來看：成長是什麼？價值是什麼？意義是什麼？為自己打氣，讓自己有信心面對下一個可能的挫折。

2. 每天，無理由地關照自己、讚美自己，然後再有條理地慎重分析自己。

倒楣鬼的自我救贖

> 不要把關注點放在別人的價值上。
> 你獲得快樂的方式，可以和別人不一樣。

　　我做的是生涯諮詢，面對的來訪者也大多帶著職涯發展的困惑與問題而來，更傾向於在理性層面溝通。不像心理諮商，情緒問題更為突出。但是即便如此，求助者多半也都是面帶愁容的：方向迷惘，人際關係處理不好，工作遇到瓶頸，諸多機會無從選擇……

　　有人問我：每天做諮詢的時候要面對那麼多的「負能量」，會不會有時候感到心力交瘁？要不要進行自我調整？我說，不會。相反地，做完諮詢之後，我一般都會能量滿滿。祕密是：若要帶著我的來訪者走出那種「負能量」，就要先於來訪者看到負能量背後的價值和意義，看到一件事的不同面向和視角，然後再帶領來訪者走出來。我的能量源泉，就是看待每件事的不同面向和視角。

　　我做過這麼一件諮詢——
　　周先生在銀行工作十多年了，從櫃員到後臺，再到與其他機構之

間的業務往來，幾乎熟悉銀行所有的基層單位。十幾年的時間，周先生並沒有享受到工作的快樂，也沒有隨著時間累積而感受到對於工作的熱愛。相反地，他總感覺壓力巨大，私下充滿了抱怨。

在他的資料表裡，這麼寫道：**工作這麼久，收入依舊沒多少，總是加班，難以兼顧家庭。我不甘心做一名小職員，但是又看不慣別人透過各種非常手段得到的晉升。工作辛辛苦苦，卻總是徒勞無功，努力了，沒有成績，爭取了，見不到起色。覺得自己總是低人一等，缺乏成就感，沒有被尊重。**

在諮詢的時候，周先生反覆說的一句話讓我印象深刻。

「趙老師，你說，我怎麼就這麼倒楣？」

倒楣？是的，在周先生的解讀中，他身邊總有「倒楣」事：工作時進入的分行不好，真倒楣；遇到的主管不好，真倒楣；一筆業務遇上了爛客戶，真倒楣；升職自己差一點，真倒楣……總之，好像這世界所有的苦難都是他一個人承受了。

你周圍有這樣的人嗎？他們沉溺於自怨自艾之中，像是一顆巨大的負能量炸彈，隨時都有可能被點燃、被引爆，周圍的人都得繞著走，以免被炸到。

周先生自己也明白這一點，他告訴我，連家人都受不了了，對他說：「如果真不願做這份工作，那就想辦法請病假，早點退休算了。」

周先生不甘心，他說：「我還不到四十歲，怎麼能就這麼放棄呢？」於是，就來找我尋求「救贖」了。

在我看來，每個人的生活都會有很多的不如意。至於是不是「倒

楣鬼」，主要是看不同的人如何進行自我解讀。同樣一件事，視角不同，結論就會不同。

看著眼前這名隨和的男子，我說：「來，周先生，我們做個練習吧！」我順手拿出一張白紙。

周先生趕緊說：「您還是叫我『老周』吧，別人也都這麼叫我。」

「好的，老周。」

我把白紙簡單分成三欄，然後在第一欄寫下：**倒楣事**。我對他說：「我們就先具體看看在你身上發生的倒楣事，一件一件說。先說一些你記得住的、大一點的事情吧。」

這是老周最願意表達的部分了，那些無人可以訴說的「倒楣事」總算有人願意傾聽了。於是，老周就一件件開始講了起來。「我挑重要的事情來說吧，最近兩年發生的，一件是升職，一件是業務，一件是人際關係。」他還專門做了分類。

關於升職的事，在老周眼裡，自己本來是夠資格的，但是非常倒楣，因為考績指標的調整，自己與這一次升職擦肩而過；關於業務的事，在老周眼裡，這件業務鐵定可以做成的，但是非常倒楣，客戶公司的資金鏈斷裂，一件好業務就被做砸了；關於人際關係的事，在老周眼裡，他看不慣主管的官僚作風，更看不慣一些同事的拍馬屁行為，更倒楣的是，主管竟然安排一個這樣的人做自己的頂頭上司。

老周搖了搖頭說：「一起入職的人都發展得比我好。同樣的業務，人家的業績都做得比我高。同樣辛苦付出，只有我沒有晉升機會。」

　　我又在白紙的第二欄裡寫上：**別人做了什麼**，第三欄寫上：**自己做了什麼**。

　　我問他：「你剛才說到，好多事最開始的時候，你和別人的起點都一樣。現在，讓我們拋開偶然因素，不去看發生了什麼，只是去看，別人都做了什麼、你做了些什麼，有什麼不同。」

　　這些事，老周平時也沒少做。他心思縝密，進行了不少觀察。這個問題，他有現成的答案：「張三八面玲瓏，李四有好機遇，王五有做企業家的舅舅。我學習了很多業務，我跑了很多客戶，我總在加班，而這些，別人都沒做。」

　　「在你的描述裡，別人能升職，是因為善於逢迎、熟於暗箱操作。別人業績比你好，是因為有背景、有資源。別人在職場上可以左右逢源，是因為不堅守原則。」我這麼總結的時候，老周的臉色有些複雜，可能他也在想著：真的是這樣的嗎？

　　話鋒一轉，我一字一句地說：「而你，辛辛苦苦，兢兢業業，百折不撓，堅守原則，十幾年如一日。你這麼苦，是為了什麼？」

　　聽我這麼說，老周一下子就忍不住，眼圈紅了。我知道，此時他的內心波濤洶湧。

　　沉默了片刻，我繼續說：「**對待同一件事，有不同的行為和應對方式。那麼，是為了追求什麼價值，讓你做出與別人不一樣的選擇？**」

　　老周不再沉默，他說：「我不願意同流合汙，不想走旁門左道，是想追求客觀、公平。我不願求人幫忙，雖然有親戚願意幫我，但我想要靠自己的實力，是想追求自尊。我也知道職場上講話需要注意技

巧，不能直來直去，但我寧可講實話。升職的時候，我也知道學歷的重要性，但沒有自己喜歡讀的專業，就不想隨便混一個學歷⋯⋯」

「所以，這每一次都是你自己的選擇。」我說這話的時候，看到老周眼睛裡閃著堅定的光。

在表格的最後，我加了一列：**我追求的價值**，請老周自己填寫上。我看到他寫上了：自尊、真實、公平、自由、平衡⋯⋯

「**有選擇，肯定就有放棄**。我看到的是，你拿起了這些價值，放下了一些利益。」我指著白紙上的第一欄說：「這些事情也不是什麼倒楣事，就只是你的選擇而已。而且，你對自己的選擇，非常堅定。就像是每人只有兩隻手，能拿起來的東西終歸有限，你只是拿走自己想要的罷了。那麼，還有必要為自己放棄的東西而遺憾嗎？」

「看來，我還是有些貪婪。」老周說。他似乎明白了，又似乎有些失落。

內心的貪婪往往會讓我們放不下，在戀戀不捨之間，我們就會停步不前。猶豫的時候，時光流逝，韶華不再。慢慢地，我們對於手中拿到的東西也變得不願去珍惜了。人生路上，我們要做的，不僅僅是一次又一次的選擇，更重要的是，珍惜自己的選擇。

我對老周說：「我們看到了你每次選擇的價值，如果能讓你每次的選擇變得快樂，那還可以怎麼做呢？」

「怎麼變快樂呢？」老周喃喃地問，此時他不急於表達。我猜，他肯定會想「這怎麼能快樂呢」，但是又在猶豫「或許可以吧」。

　　我提醒他，「不要把關注點放在別人的價值上。比如，你選擇了自尊，就不要再期待透過選擇人情世故的方式獲得升職、加薪；你選擇了真實和自由，就不要再期待透過讀一些不喜歡的學歷來獲得別人認同。你獲得快樂的方式，可以和別人不一樣。」

　　「那就是不升職、業績不好，還能有快樂吧。」老周笑了。

　　「對，如果你用你的方式不能改變一個結果，那就試試用你的方式獲得其他的可能。」

　　「這樣也簡單。比如，我可以更坦然地按照規定，憑著自己內心所想的去辦事，而不用顧及主管的臉色，這樣會讓我心情愉悅啊。再比如，以我現在的職等和資歷，如果不追求一定要升職，我也不用那麼辛苦地加班了，把分內事做好，然後就可以更去享受生活。也不一定非要在職場上找知己，生活圈子裡也有不少朋友，我可以多約約他們一起玩，釣魚、烤肉、喝酒也不錯……」我在老周的臉上看到了笑容。

　　「你有自己追求的價值，同時還可以讓你擁有更多的自由空間、更坦然的心態。只要放下『對什麼都想得到』的執著，快樂自然就容易創造出來了。」

　　「這麼看起來，似乎也沒那麼倒楣。不過，」老周話鋒一轉，「真的沒有可以既堅持原則，又能獲得成功的方法嗎？」

　　「當然有了，」我笑著看老周，「**那不就得修練嘛！先讓自己的心態放輕鬆，別總盯著別人的不對，別總覺得自己是倒楣鬼。這時候，你就可以把注意力用來關注更高階的智慧──也就是你說的，既堅持了原則，又能獲得別人都認同的成功。前提是，你不要再認**

為所有人的成功都是靠投機鑽營獲得的。否則，**若別人都是錯的，你又能向誰學習呢？**」

老周摸了摸腦袋。「也是啊。」

看來，他已經慢慢調整了自己的思維角度。

「那我給你一份作業吧。」可以結束這次諮詢了，「看得出來，你特別善於觀察。回去開始寫『觀察日記』，去記錄那些同事在做事、往來中，有哪些方式可以獲得成功，並且是你可以接受的。不需要很多，只要有發現，你就記錄下來，然後嘗試著，也這麼去練習。」

「好的，我可以試一試。」老周點了點頭。

要轉變習慣的思維模式，並不容易。增加思維的視角，也需要經年累月地透過具體事情不斷練習。我沒指望老周能很快地變成另一個人，只希望他能過得更加開心，狀態更加正面。

❋ ❋ ❋

半年後，我收到老周分享的好消息——他升職了。他說，雖然這次升職對他而言，來得有點晚，但是他非常坦然，知道自己想要什麼，也就不再覺得自己是「倒楣鬼」了。

【轉角看見】

一般來說，放在一生的角度來看，我們不會比別人更倒楣，就像我們也不會比別人更幸運。但是如何看待身邊發生的這些事，往往取決於我們思維的視角，而這些視角又往往會帶給我們不同的情緒，以及影響後續的行動。

準備為自己的人生命名的時候，別急著貼標籤，而是問問自己：

・我和別人做的有什麼不同？
・為什麼？
・是我做不到，還是另有追求？

不一定每件事都要從別人的角度看問題，但至少可以做到的是，「有覺察地」知道自己在做每一個選擇時，所遵循的原則、所追求的價值與願意付出的代價，這樣才能掌握現實中可能有的勝算。

自助小工具

★★調整完美的模式

目前的資源可以達到的程度	對於目標的期待程度
評估，並打分數：	評估，並打分數：

問問自己：是否接受透過「過程」來提升完美度？

如果不可以，那就乾脆放棄。

★★消除自卑最有效的兩種方式

直面挫折，迎接挑戰	發揮優勢，建立新的成就感
‧曾經讓你感到自卑的挫折是什麼？ ‧如果把這樣的事情作為挑戰，可以如何應對？	‧自己的優勢是什麼？ ‧要透過優勢來建立成就感，可以做些什麼？

★★翻轉人生的不同角度

糟糕透頂的人生	寫出自己曾經犯的錯誤、糗事:
從「好處」來看	這件事除了壞處,還帶來什麼好處:
從「長遠」來看	從長遠來看,這件事對你的人生帶來的意義是什麼:
從「價值」來看	你當初這麼做,是為了追求什麼價值:

5 提升自我認知，遇見更好的自己

我們永遠無法確定自己的樣子，因為只要不斷成長，就能遇見更好的自己。

給任性一個落腳點

> 四年前,你選錯了一個方向。
> 現在還要為已經錯誤投入的四年,再追加四十年的時間嗎?

剛畢業就來找我諮詢的人不多,小嵐就是一位。她要尋找一個與自己的專業不一樣的發展方向。

小嵐,本來是一個性格活潑的女孩子,愛畫畫、愛音樂,還愛物理、愛天文,喜歡蹦蹦跳跳、嘰嘰喳喳。因為大學沒有考好,與自己喜歡的天文學系擦肩而過,陰差陽錯地進了文理兼收的法學院。

由於不喜歡這個科系,從進入大學的那一天起,她就感覺自己特別委屈。她說,自己就像一頭小鹿跳進了羊群,和周圍的人沒有共同話題,沒有夥伴,就只能獨來獨往。

「你的大學生活是怎麼度過的?」我很關注小嵐在大學時的自我探索。

「我的大學有點苦,」她做了個鬼臉,「在學習上懶得下功夫,成績自然也不好,參加的活動少,和別人往來也少,慢慢地我就失

去了信心。有一段時間感覺特別絕望，我覺得自己都要得憂鬱症了。還想過要休學，被好朋友勸住了。」說這話的時候，她像是被陰霾籠罩了。

「有沒有做過什麼嘗試？或者一些特殊的經歷？」我提醒她。

「有一次，在系裡準備青年節活動的時候，因為喜歡畫畫，我被同學推選參與櫥窗設計。我的畫作被老師讚美了，後來推薦我去找我們學校的一位美術老師聊一聊。那個美術老師說我有天賦，建議我可以利用課餘時間學一些繪畫。」說到這裡，她的語調有了一些輕鬆。

「那後來呢，你學了嗎？」我繼續問。

「我瞭解了一下，也徵求別人的意見，最後決定學插畫。」說起來輕鬆，可是小嵐是在全力以赴。從她的描述中，我得知，這一次學插畫，是小嵐人生中的一個重要轉捩點。「一學起來，我就喜歡上了！」

為了學插畫，小嵐特別在暑假參加了一所藝術學校的專門課程，大四的時候，有半年時間都利用課餘時間透過網路在學。看來，她找到了自己的興趣。

可是，小嵐的這個興趣並沒有得到親人的支持，反被認為是「任性」、「不實際」！

畢業那年，過年的時候，和家人說起未來的就業考慮，她說自己將來想從事插畫工作，沒想到被家人們恥笑了：「那還能當飯吃啊？」她也不好辯解什麼，只是默默地下決心，要自己闖出一片天地。

想法美好，實現起來難。因為不是科班出身，靠畫畫就業的機會很少，而自己正在學習中，也拿不出特別的作品來。

轉眼就到了畢業季，小嵐並沒有如願找到自己喜歡的工作，只靠一些兼職維持著生計。家人著急了，反覆勸說，要她回老家考公務員。在他們看來，學了法律，考公務員是一條最可靠的出路。

「沒辦法，我拗不過家人三天兩頭的勸說，」小嵐有些無奈，「我也彷彿被他們詛咒了一樣，不實際、沒出息、找不到工作、任性……最後他們說：『你看，我們說得沒錯吧！你趕緊老老實實地回來考公務員吧。』」

小嵐痛苦又困惑地問我：「老師，真的是我太任性嗎？我錯了嗎？」

看得出，別人的指責已經慢慢內化，甚至在她內心養出了一個指責自己的人。這樣的指責如影隨形，讓她處處糾結。

我沒說什麼。我知道，此時還不能直接回答，在沒有方向之前，任何答案都很無力。「那後來呢？」

「後來就只能回家準備考試了，」她內心還是不服氣的。「當然，也沒有考上。不過，總算是交差了吧。」

「看時間，你考完試之後，也有半年時間了。這段期間，你在做什麼？」我對這段期間小嵐的經歷並不抱太大期待。一般來說，沒找到方向的時候，時間都是被消磨掉的。

「這半年期間，我真的『任性』了一次，」這個回答讓我有點驚訝，「我出去旅遊、當義工、做編輯，參加培訓課，還嘗試過創業。反正，能試的，我都試了。」

「哦？」我好奇地問：「有什麼發現嗎？」

「還真有，我發現和我一樣迷惘的同齡人很多！」小嵐有點興奮，「我可以幫助他們。」

她說起了當過偏鄉老師的一段經歷，去偏鄉教書的人有很多都和她一樣，對前途迷惘，不知該如何選擇。在他們當中，小嵐的經歷豐富，經常給大家出主意。那些因為與家人意見相左而無法實現的想法，都「免費」送給了這些夥伴。

後來，小嵐發現，有困惑的人主要分為兩類：一類是不知道要做什麼，也不知道自己喜歡什麼，沒有方向、沒有動力，這個階段她經歷過。另一類是有方向，但是不知道該如何實踐，在現實中遇到不少尷尬，這個階段她也正在經歷。

於是，她就用業餘時間看書、聽課，自學職涯規劃，然後在各個網路平臺上寫作、錄影片、做直播、回答網友的提問，希望把自己的經歷、思考和感悟分享給別人，特別是分享給一些大學生。因此，小嵐也收到不少網友的感謝，這讓她非常開心。

「所以，我就想啊，我能不能做一個職涯顧問呢？」小嵐看我的眼神有點奇怪，「像您一樣，也可以幫助別人。雖然，我的能力還很有限，但是確實可以幫助一部分的人。」

在我的眼前，呈現出這樣一幅場景：一個提著花籃採花的女孩，本來有自己的想法，想要去摘自己最喜歡的花，卻被人拖來拉去，一會兒要她去收麥子，一會兒又要她去挖菜，如果不按照這些人的指令去做，就是「任性」。女孩就被這麼拉扯著，慢慢偏離了自己

的方向，最後竟不知道要去哪裡，就站在路口。此時，有人來問路，女孩乾脆停下自己的腳步，專門幫人指路。

一個沒有沉下心找到自己的人，在所有的旅程裡，都只是過客。

我擔心，幫助別人的成就感，只是暫時填補了小嵐內心的空虛。一旦發現自己沒有更多力量再幫別人，一旦發現還是沒有一個讓自己安心的方向，她會再次迷失。

諮詢的切入點，就從這裡開始。

我畫了一個表格，請小嵐填寫。

·第一欄：感興趣，並希望開始做的事。

小嵐說她感興趣的事太多了，她有些輕鬆，也有些猶豫。「難道都要寫嗎？能夠實現嗎？」

我堅定地告訴她：「先寫出來」。

「畫畫、天文、溜冰、寫作、諮詢……」

·第二欄：喜歡的原因，講出細節。

寫這一欄的時候，小嵐開始思考：「對啊，我為什麼喜歡呢？是因為好玩，還是有成就感？是因為遇到的人，還是將來的發展？是因為天生的興趣，還是熟能生巧之後的熱愛……」

慢慢地，她自己就發現了，有些喜歡的事，就只是喜歡而已，是不可能作為發展方向的。

·第三欄：做了些什麼。

一個不去開始的夢想，永遠都是幻想。一個沒有付出的夢想，不會是真正的熱愛。

小嵐開始講起了一個個故事：聊起天文的時候，說自己看過的書、去過的天文館、拜訪過的天文愛好者；談畫畫的時候，說自己的寫生，說自己暑假時白天打工、晚上畫畫，還有參觀畫展；講到諮詢的時候，說自己的學習、做過的筆記，自己回答網友的提問時，遇到的有趣事情；提到溜冰，她說自己不僅溜得好，還用業餘時間兼職教小孩子……

在小嵐的描述中，我清楚地看到了她的熱愛。這麼多的可能性，該是不難開始吧？那麼，她為什麼來找我幫她尋找未來的方向呢？

我問了小嵐一個問題：「來，逐一說說看，不能讓你堅定選擇的原因都是什麼。」

「這件事可以持續做下去嗎？真的能夠如我所願嗎？這就是我要追求的嗎？」

「再具體一點呢？」

「能不能被認可？能不能有穩定的收入？能不能有成就感？將來有什麼發展？」

我看出來了，小嵐的顧慮是對於未來的判斷。也看得出來，周圍人不斷批評的意見，讓她失去了自信。

對一個剛剛起步的年輕人來說，在任何一個方向上講確定性都為時過早。其實，這樣一個需要充分探索、不斷累積的階段，也不需要確定性。只是對於小嵐來說，確定性的期待，已經把可能性扼殺

了。我需要做點什麼，幫助她建構自己的未來。

「在你感興趣的方向裡，有哪些是最讓你興奮的呢？」

「天文和畫畫。」小嵐回答得很乾脆。

「那你說到的其他幾點呢？比如這個『諮詢』？」我在和小嵐確認。

「本來，我還滿想做諮詢的，看您發展得這麼好，我想職涯顧問是不是一個不錯的方向。不過剛才分析下來，又覺得這樣的事並不是我最想做的，只是一個臨時的替代品而已，填補我這個階段的空虛、迷惘，讓自己有點成就感。」

「不過，」小嵐又說：「天文和畫畫又能做些什麼呢？這兩項都需要經過專業訓練。連科班出身、專業畢業都未必能做什麼，我不是這些專業畢業的，未來有什麼可以發展的呢？」

「是啊，專業畢業，繼續延續著本科系的工作──你有沒有發現，你的這些說法，很像身邊那些不斷批評你『任性』的人呢？」

聽我這麼說，小嵐一下子就笑了。「還真的是啊。我什麼時候變成這樣的？」

「其實，延續專業是一種可能，而且很容易想到，似乎也更實際。但是，如果你學的專業本來就不是自己的興趣所在呢？如果繼續下去，就會在一個方向上一錯再錯。雖然不知道什麼是最適合的，但你一定知道自己喜歡的是什麼，不喜歡的是什麼。四年前，你選錯了一個方向。現在還要為已經錯誤投入的四年時間，再追加四十年的時間嗎？」

「老師，聽您這麼說，真是把我嚇出一身冷汗。」小嵐的表情嚴

肅，「那怎麼辦？一個是現在不做，否則會後悔；一個是未來不確定，現在難開始。」

更多視角和多元資訊，是尋找路徑的切入點。「在多元化的世界裡，可能性是創造出來的。」我提供了一些思路。

一種是做天文知識的科普。對星星好奇的人很多，但懂天文的人很少，而在懂天文的人中，能分享的人就更少了。小嵐對於天文的瞭解，完全可以滿足很多人對星星的好奇啊！一邊做科普，一邊學習。還可以把繪畫技能和天文結合在一起，畫星座、畫漫畫，很值得去做呢。

另一種是關於畫畫本身的。專業的畫家都去賣作品、開畫展，教專業學生去了。可是對一個熱愛生活，喜歡用畫畫的方式來呈現的人來說，對於學習畫畫本來就沒那麼高的要求，專業人士又不願教，機會不是又出現了嗎？

比如，從市場和客戶的視角出發，可以瞄準「父母」這個客群。現在的父母越來越重視陪伴孩子，而形式呢，不外乎就是玩玩具、聽故事、聽音樂、跳舞、畫畫。父母特別需要輕鬆地提升一些技能，這樣可以在陪伴孩子的過程中，享受更多快樂，比如畫畫。可以想像，一位媽媽能輕鬆地為孩子畫出一隻隻有趣的動物，那多有意思啊！而且要求不高，期待的投入也不高，特別是時間的投入，不用像專業學習一樣花那麼多功夫。

小嵐笑了。「我一個下午就能教會一個成年人基本的繪畫技巧，

還能畫好幾種動物呢！」

「好啊！機會來了，現在有那麼多線上課程的平臺，開一門簡單的畫畫課吧，課程名稱就叫『拿起筆，就能畫畫』！

「一旦有了知名度，就可以慢慢開一些收費的實體課程，一個週末的下午，兩三個小時，十幾個人，這將是一筆不錯的收入。作為兼職，就很合適了。當一個人生活得越來越從容的時候，才會想到更好玩的東西。」

路徑設計得越來越細緻了，小嵐的臉上也露出了笑容。

這個世界，有多元的需求和呈現，這個時代，也為我們提供了各種便利。其中，一定有我們可以立足發展的空間。越是難以預測的未來，越是充滿了可能性。隨著個人的持續發展，資源增多，前景也會越來越明朗。我相信，小嵐的創意比我多。

諮詢結束後，小嵐就開心地找工作去了。

❀ ❀ ❀

一天，我收到小嵐發來的一個網址連結。打開時，看到一門參與人數超過一萬人的課程，課程名稱就是：拿起筆，就能畫畫。

我想，小嵐的家人此時也能理解她的「任性」了吧。

【轉角看見】

被別人視為「另類」和「任性」，很可能就是你的「獨特性」和「追求」。

不要被別人的評價左右，也不必和反對的聲音對抗。難以被周圍人認可的時候，嘗試跳出小圈子，透過強化認知和豐富資料庫來提升自己。「任性」，需要有可以任性的能力。

珍視自己在人生經歷中的每一次嘗試。夢想家最大的特點就是：會為自己的想法做出努力，而不是讓這些想法止步於一時興起。

當開始嘗試的時候，想法就有了痕跡；當開始努力的時候，就有了進一步的反應與調整。在這個過程中，資源就開始增加。「不切實際」、「任性」的想法，就越來越清晰、踏實起來了。

這個遊戲工程師有點倔強

> 執著於一種選擇，不考慮價值得失，是倔強。
> 明知自己想要追求什麼價值，卻不敢主動爭取，是膽怯。

「我很喜歡爭論，和朋友、和父母都這樣。別人的建議，我總是聽不進去，總想反駁他們，大家都說我很倔強。你說這樣是不是不好啊？」諮詢一開始，程強就問了這麼一個問題。

在沒有弄清楚問題之前，我當然不能直接回應。「你是說，你會堅持自己的觀點吧？堅持自己觀點的方式有很多，表達自己的觀點、闡明自己的界線，這和倔強無關。」

「你的這個說法，我還是能接受的。」程強點了點頭，表情放鬆了一些，「父母、長輩總說我性格倔強，年輕不懂事。我是不是該聽他們的呢？」他繼續提問。我想，這個問題背後肯定有故事。

「這要看看是什麼事了。」我順著說。

「父母想要我去考公務員。」說完，他就抬頭看著我。

我猜，這正是他來找我諮詢的事情。「詳細說說。」

　　程強是一名遊戲工程師。說起來，資訊類科班，又是一個資深的遊戲玩家，遊戲工程師的工作對程強來說是一個挺合適的選擇。可是，他最近辭職了。

　　為什麼辭職呢？

　　「我不喜歡做工程師，不喜歡總是寫程式，我和主管的思路總是不一致，我對專案的進展也不滿意。」程強一連說出好幾個不喜歡，語氣中帶著情緒，這份情緒裡也有故事。

　　「具體說一說。」

　　「我不想做了，繼續下去，似乎也沒什麼前途。」他說：「工程師的工作做到一定的程度，就會遇到瓶頸，對身體的損害也挺大的，關鍵是也沒什麼發展。我之前的同事，跳槽去其他公司，開始時薪水漲了兩倍，可是不到一年，又回來了，說是根本適應不了那樣的工作節奏。所以，我就想早早做規劃。」

　　「這是你糾結於父母勸你考公務員的原因？」我有點納悶，這個選擇和「倔強」有什麼關係。

　　「對。當初我就沒有聽他們的話，打遊戲，荒廢了學業。好在後來認真念書，考上大學，還念了資訊。畢業的時候，我也沒聽他們的話，沒有去找『穩定的』工作，去了遊戲公司。現在發展成這樣，我在考慮，要不要趁著現在還年輕，回去考公務員。」

　　「那你的觀點是？」

　　「家人說，這年頭還是公務員的工作穩定。」沒想到程強先是從家人的觀點說起，「我覺得也是。做我們這行的，有過度勞累的健康問題、三十五歲被淘汰的危機問題，還有將來不知道如何轉型的

問題。我就想，得趁早做打算。」

　　但他還是沒說如何打算。我感覺他心裡藏著話。

　　「嗯，將來的發展、穩定性、身心健康，這些都是你考慮的因素。那麼，你都有什麼選項呢？」我繼續問。

　　「公務員算是一個吧。」說出這個選項的時候，程強有點為難，「不過，在我的印象裡，公務員的工作會是非常呆板的，沒有挑戰、沒有自主性、缺乏自由，我的創造力也無法發揮。」

　　「哦？你特別看重挑戰、自主性、自由和創造力發揮？」我重複著他的話。

　　「是啊，所以才放不下現在這工作。」程強像是忽然想到什麼，「如果考研究所，算不算一個選項呢？」

　　我感覺到了他的期待，就等他把所有的想法都說完，「你對考研究所的考慮是怎樣的呢？」

　　「提升學歷也很重要。碩士畢業之後，如果再工作，薪水可能也會高一些，或者到時候再考公務員也不晚。」程強認為考研究所或許可以兼顧之前的選項，至少是一種緩衝，「不過，我就是擔心。考研究所也不容易，何況我的英語也不好，複習起來是件難事。備考過程中，我也不能總是啃老吧？再說，讀完研究所出來，年齡有點大了，可能就要過三十了。」

　　看來，他對這個選項也是充滿顧慮。到這裡，我並沒有覺得程強有什麼「倔強的表現」，反倒覺得，他考慮的每一件事都參考了別人的意見。

「公務員、考研究所，除了這兩個你正在考慮的選項，還有嗎？」我問程強。

「現在的這份工作，還算一個選項嗎？」他問得有點小心翼翼，似乎這裡藏著一個不敢觸碰的傷口。

「是啊。遊戲工程師這份工作，你是怎麼考慮的？剛才，你好像是說不準備繼續做下去了？」我重新拉回諮詢的思維，不過我覺得程強其實一直停在那裡，並沒有走開。

「也不是不準備繼續做下去了，遇到合適的還好。」

「你剛才說到，你很看重挑戰性、自主性、自由和創造性——遊戲工程師可以滿足這些嗎？」我看了看剛才的紀錄。

「算是吧。」

「職業的發展性、穩定性、身心健康，以及挑戰性、自主性、自由與創造性，相比較之下，你更看重哪些呢？」

從實現的可能性來看，不管是考研究所、還是公務員，或者是繼續做遊戲工程師的工作，其實都是可以達成的，關鍵是程強自己更看重什麼。

程強猶豫了，「我覺得，都挺重要的。」他把眼光落在我的紀錄紙上，「如果單純從我自己的內心想法來說，」他停了一下，「我肯定傾向於不回老家、不當公務員，還是做遊戲工程師，可是⋯⋯」

「你擔心什麼呢？」我看出他有些糾結。

「我擔心我太倔強了，沒聽他們的話，到最後還是錯的。」

聽了程強這句話，我腦子裡忽然蹦出一個詞：詛咒。**程強像是被**

人貼上了「倔強」的標籤,於是在做決定的時候,總會認為自己是在和別人對抗,而不是出於內心的想法。這會很影響他的自主判斷。

「你不是來找我諮詢了嗎?是否倔強,不僅要看是否堅持一個觀點,關鍵還要看堅持的原因,以及你是否充分考慮了各種因素。」我帶著程強一起回到選項本身,「我們就一起來看,遊戲工程師這份工作所能滿足你的價值,是不是你最想要的。」

「價值倒是能滿足的,」話說一半,他就停下了,「關鍵看公司。」我想,這裡面還有故事。

「你剛才說遊戲工程師的發展不確定,又比較辛苦,這些是你不能接受的嗎?」我想幫他確認。

「也還好,說實話我也沒有想太遠。」程強頓了頓,「畢竟,這是將來的事情。一個行業發展得慢,可能就是穩定。一個行業發展得快,我要做的就是努力跟上。」他說的似乎很有道理。我在想,他的顧慮到底在哪裡呢?

「我不是很明白。既然你覺得可以接受這份職業的不確定性和辛苦,那又在猶豫什麼呢?」

身為諮詢師,我知道「真誠」是讓諮詢有成效必不可少的態度。我需要在短短的諮詢中,幫助案主梳理困擾其很久的糾結。

「我擔心,我勝任不了這份工作。」

我想,終於又回到了原點。

「那就來說說你前兩年的工作經歷吧,包括為什麼辭職。」這部分是從剛開始諮詢的時候就被繞過去的,現在時機到了,要重新梳理。

一開始，程強只是說自己不喜歡、不想做，並沒有講到具體原因。這時，他才告訴我，離開上一份工作是有些「被動地」辭職。

為什麼？因為他跟不上專案的進度。由於能力不足嗎？好像不是，因為程強一直強調自己在創新、在嘗試，效果也不差。

「你說的跟不上專案進度，和自己的嘗試創新是什麼關係？這些都是主管要求的嗎？」我認為這是一個關鍵點。

「不是。我總是會先做一些嘗試，然後再完成規定的工作。我嘗試的方案一點也不比他們的差。我是一個人在做，他們是一個小組。」說這段話的時候，我看到程強有一些自豪。

「我不太明白。你一個人，他們一個小組——你們是競爭關係嗎？」我有點糊塗了。

「不是，我們承擔不同的任務。」

「那你為什麼要嘗試去做他們的任務呢？」我更糊塗了。

「因為我的工作太簡單了。」我問一句，他回答一句。

「你能力那麼強，為什麼不主動要求有挑戰的工作呢？」

程強沉默了好一陣。

「我怕。我總是不敢承擔責任。」

這又是怎麼回事？

這次，我不再問了，等著程強自己說。

程強告訴我，在工作中，凡是遇到單獨作業或者領頭作業的事情，他總是往後退縮。倒不是能力不行，而是不敢承擔責任，害怕失敗。

退縮，並不是不做，而是悄悄地做，會在工作之外做一些創新的

嘗試，甚至會寫幾個方案。事後再自己對比，發現結果還不錯。

只是這樣一來，時間都耽誤了，自己的專案進度總是延誤。為此，主管給了他兩次警告。

「你並不是能力不行，這是已經實際證明了的，為什麼會不敢承擔責任呢？」

「我怕出錯，特別是如果帶著一個團隊，責任就更大了。」

我忽然意識到了什麼。「你不敢承擔責任、害怕出錯，這和每次你自己面臨重大生涯決策的時候，總認為自己『倔強』會不會有關係呢？」

「或許是吧。」程強沒看我的眼睛。

「以前，別人說你倔強，或許是因為你堅持自己的觀點。這種堅持，有些有道理，有些可能因為年齡、視野、能力所限，讓你做出一些現在看來不夠正確的決定。可是，現在的你已經有了很多成長，具備了可以獨立做出選擇的能力。你看，為了避免決策偏頗，你還特地找到我來幫助你。你已經不能再用『倔強』來評價自己了。」我繼續講：「所以，你不用再和誰對抗，也不用擔心你的決定會受到個人風格的影響，只要有客觀、全面的考量，你可以做出適合你的選擇，也需要為此承擔責任。」

我想，我需要幫助程強摘掉「戴在頭上的帽子」。

程強點著頭，他的眼睛亮了。

「你看，在工作中，你悄悄做嘗試，就是為了追求挑戰、創造，但是又不願承擔責任，想要維護你的安全感。看似兩者都想兼顧，

但實則因為缺少機會，你失去了真正的挑戰和創新的可能，並且因為沒有抓住這樣的機會，也失去了持續發展的展望。」

「原來是這樣。」程強像是忽然明白了，「看來，我那不是倔強？」

「恕我直言，我看到的不是倔強，而是膽怯。**執著於一種選擇，不去考慮價值得失，是倔強。而明知道自己想要追求什麼價值，卻不敢主動爭取，就是膽怯。倔強，是在和自己的無能鬥氣，會成為一種干擾，讓你看不見自己。**」

「這麼說，我還是應該繼續做遊戲工程師？」程強問我。

「沒有人能回答你，其實也沒有人能左右你。你可以清晰地講出自己的追求，然後理性地大膽爭取。」

程強似乎一下子釋然。「我明白了，我要爭取自己的機會，還是要回到遊戲公司，這才是我的『菜』。不考公務員，也不考研究所，這不是倔強，是選擇。如果原本的公司要我，我就回去，不行的話，別的公司也可以。我要努力在一年內做到產品經理。」

「用一句話總結我們的諮詢吧。」我提議。

「我已經從倔強中蛻變了！」我看到他的臉上洋溢著喜悅。

❦ ❦ ❦

一年後，我收到程強寄來的一張照片，他拿著一張員工證，上面寫著「產品經理」。

【轉角看見】

在生涯發展的過程中,做決定、做選擇的時候,我們會受到各方面的干擾──父母之命、社會之言、別人的比較、失敗與挫折、各種誘惑,都會干擾我們尋找內心,遵循內心。

堅持自己,和倔強無關、和對抗無關,這是一種明瞭內心之後的寧靜和篤定。

倔強有兩種:如果能夠開誠布公地挑戰,並且把自己認為對的事情做到底,就是「堅韌」和「執著」;如果只是不敢承認自己的無能,賭氣跑向了目標的反面,那就是「固執」和「倔強」。

兩者的區別是:是否扔掉自己的情緒、拋掉別人的看法,不顧及暫時的限制,做內心認可的事情。

職場戰士升級的鑰匙

| 當我們尋找工作的意義或者自我的價值時，
要多考慮自己的「獨特性」。

　　職場上有一類人像戰士一樣，一入職場，就表現出很強的執行力和極高的職業素養。他們善於學習，很快就能承擔重任。在工作中，他們追求極致，精益求精，善於溝通，擁有良好的人際關係。這樣的人往往很快就能獨當一面，得到晉升，是職場中的「明星」，被人們視為「成功人士」。

　　然而，他們也很容易陷入「焦慮」，特別是在持續衝鋒之後，陷入因為迷惘而產生的焦慮之中。

　　麗萍來找我諮詢的時候，就表現出這樣的焦慮：**能不能盡快約諮詢？我已經在家休假半個月了。**看她的簡歷，有著耀眼的教育背景、光鮮的職涯經歷，還有豐富的企業融資經驗。這樣的人生，她的焦慮是從哪裡來的呢？

　　在一個夏日的午後，麗萍如約而至。齊耳短髮，紫紅色的亮麗商

務套裝、白色高跟鞋，處處顯得那麼幹練。我請她坐下，然後請她再說說諮詢的訴求。

「我看到你說希望透過諮詢瞭解自己的潛能，能不能具體說說？」我知道對她來說，瞭解潛能絕對不是目的，我可不能頭痛醫頭、腳痛醫腳。

「我特別是想知道自己最適合做什麼。」說這話的時候，麗萍很淡定、自信而果決，還透著一種急切。她頓了頓，看到我期待她繼續說下去的眼神，補充了一句，「就目前這份工作來說，我應該是很滿意了。但我就是還想知道，有沒有更適合我的發展方向。」

聽她這麼講，我產生了一股好奇：以她的職涯經歷來看，應該建立了足夠的自信，而且對自己的領域足夠熟悉，為什麼還要求助於外行人探索方向呢？即便這個人是專家。看來，她已經意識到，這不光是職業經驗能解決的問題。

我點了點頭說：「那我們先談談你目前的這份職業吧。」

我知道一個人向外探尋的時候，不要急著和她一起去看未來，因為她正是不清楚未來的方向才來求助的。我們要先回去看源頭，找到最初打破平衡的那個因素。

「說什麼？」麗萍一愣，顯然沒有收到我的邀請。

我調整了問題。「做了這麼多年，你喜歡你的職業嗎？」

「一直沒太想這個問題。大學畢業就入了這行，剛開始的時候，就是想著怎麼把工作做好。做著做著，就喜歡上這份工作。」麗萍很真誠地聊起自己的工作，「這些年也不容易，從一個什麼都不懂

的菜鳥開始，一點點做起來，就是有股衝勁。慢慢地適應了工作，到後來能獨當一面，再後來，經歷了行業的各種變遷、公司危機……種種歷練之後，終於有自信了。」

麗萍忽然轉移話題，「不過，最近總是在想一個問題：我只能做這個職業嗎？我怎麼感覺自己和公司、和這一行綁定了呢？忽然有一種危機感：如果不做這個工作，如果不在這個圈子裡，我還能做什麼呢？我能不能自己獨立生存？」

這是很多職場人面臨的問題：他們要追求自己的獨立價值。但如果能看到每個人終究是處於某一系統中的一分子時，或許這樣的問題就從「獨立價值」變成了「價值放大」。

「為什麼會有這樣的想法？」我先記下兩個字：**價值**。然後，跟上麗萍的思路。

「有段時間工作特別忙，忙得我沒有自己的生活，先生表示了不滿，我自己也特別累。」麗萍臉上露出一絲倦意，「於是我就問自己：工作的意義到底是什麼？那段時間，我特別想辭職，但還是告訴自己要冷靜。我選擇休假。我告訴自己：我得有價值，我想更自由。」

或許，此時有人可能會說，這是因為太辛苦了，需要調整工作的節奏，維持生活平衡。但我想，麗萍一定知道這些的，之所以難調整，並不是因為忙碌，而是因為缺少方向。

忙碌的日常不能符合內心的追求時，每一份忙碌都是對於生命的消耗。在不同的人生階段，一定會考慮不同的問題，就像遊戲闖關時的不同任務一樣。這個階段的麗萍，並不是要放鬆，而是要尋找

方向。

　　於是，我又寫下兩個字：意義。

　　「在過去的職涯經歷中，你的價值主要展現在什麼地方？」我接著她的「價值」繼續問。

　　「能拚，敢於承擔，能因應各種突發事件。任何事情，老闆交給我都會放心。我給人的印象一直以來都是『可靠』。」她非常清楚自己的價值。

　　「說件具體的事情吧。我看你在諮詢資料表中寫到，第一份工作辭職的時候，被主管挽留。詳細談談這件事。」

　　「這是好幾年前的事情了。第一份工作做得還不錯，只是因為先生換了工作，我們家從深圳搬來北京，不得已辭職的。」

　　「那說說看，主管為什麼極力挽留你呢？」我感覺到，這裡面一定有故事。

　　麗萍聊起最初的那份工作。讓她印象最深刻的是有一次籌辦大型會議，她本來是助手，由於主管家中遭遇變故，她臨時頂上，在經驗基本為零的情況下，硬是把一場大會籌劃得井然有序，受到客戶的熱烈好評。

　　關於這件事，我問了很多細節：「為什麼當時主管沒有再增派新人？」「為什麼在壓力那麼大的情況下，你還敢於承擔？」「遇到不知道的事情是如何處理的？」「有沒有想過事情搞砸了怎麼辦？」「那些有創意的小點子都是怎麼來的？不擔心違背常規嗎？在這個過程中，是如何與主管溝通的？」

　　我們聊了半個多小時，最後我問麗萍：「這件事，在你看來，每一步都是再正常不過的選擇了。你能不能提煉出關鍵詞，來說明你這麼做的原因？」

　　「責任心。」想都沒想，她回答道。可能，她一直都這麼想的。

　　「說說你所理解的責任心？」

　　「簡單地講，就是在其位、謀其事。說高級一點，一個人的價值，就在於別人的信任。」麗萍言簡意賅，說出了職涯發展的本質，「在我的心目中，一位職場菁英，就是一個對得起別人信任的人。對待每一份交辦的工作，如果都能百分之一百二十地達成期待，這個人錯不了。」她說得斬釘截鐵。

　　麗萍是一個戰士，使命必達，也享受做事過程中的快樂。但這也可能是她遇到挫折的原因。

　　「具備責任心、超乎預期地完成任務，這樣的職場人，在職涯發展過程中，遇到的最大挑戰是什麼呢？」我開始和她探索另外一面。

　　麗萍想了想，「遇上一個糟糕的上司吧。比如有些主管胡亂指揮，下屬也就只能跟著瞎忙，最後沒有什麼成果。」停了一下，她接著說：「不過，我還算幸運，遇到的上司都是很有管理能力的人。只是，三年前，我開始管理一個團隊，遇到各種麻煩，人際關係處理不好，下屬做得不到位。有時候，我就在想，我會不會就只能做一個糟糕的管理者？」

　　「這是你現階段最大的困惑嗎？」我忽然這麼問，麗萍有點遲疑。

　　「算是，也不算是。」猶豫了一下，她說：「這件事確實使我很

困擾。但我最迷惘的，還是方向──如何發揮更大的自我價值。」

之前是戰士，現在做了將軍，但還是用之前的標準要求自己，要求事事完美、事必躬親，發現不太奏效的時候，開始否定自己、攻擊自己，進而想要換一條路徑來追尋價值，想要重新思考意義。

我想，需要帶這名戰士升級到「將軍」的思維模式了。

「在你之前的職涯經歷中，有沒有最讓你佩服的上司呢？」

「有啊，我之前的上司就讓我很佩服。很有領導力，在細節上善於溝通，體貼下屬，工作安排上有格局。跟著他做事，就願意全力以赴。」麗萍想到了什麼，「三年前，也就是因為他離職，我才被升職的。他出去創業了。本來我想追隨著出去，家人不同意，因為那麼做確實有很多不穩定性，思考再三，還是算了。」

「如果你的這位上司來做你現在這份工作，你覺得他會怎麼做呢？」我緩緩地問出這個問題。

「嗯，他絕對比我做得好多了。」然後，麗萍就陷入了沉思。

此時的諮詢室裡，彷彿多了一個人。麗萍的上司彷彿就站在旁邊，安靜地注視著她，又似乎要給她一些建議。

過了一會兒，她抬起頭。「我大概想得出來，如果現在的工作交給我原來的上司做，他會關注幾個關鍵專案，這幾件專案對於公司有很大的價值。」她頓了頓，「嗯，我明白問題出在哪裡了。不是工作本身沒有價值，是我的能力不足──不僅缺乏前瞻性，更重要的是，我還是在躲避帶團隊。」

麗萍說起三年前上司離開時的失落，說起自己開始做管理時的手足無措，以及後來出現的逃避、倦怠。**戰士的光榮來自成功地完成每一件任務；將軍的光榮來自排兵布陣，帶領團隊完成它。在戰士和將軍之間，總有一條需要奮力跨越的鴻溝。**麗萍就是掉進了這條溝裡。

我知道，現實的困難給人帶來的打擊是持續的，並不會因為在理性上有了認知，就可以快速調整。對於麗萍而言，雖然知道原因出在自己的管理能力上，但在找不到一條繩索之前，她還是很難爬出一種價值失落的狀態。我要幫她找到這條繩索。

「你剛才說到，讓你成為一名優秀職場人的關鍵詞是責任心。那麼，你認為要成為一位卓越的管理者，關鍵詞應該是什麼呢？」

麗萍開始思考。我想，此時她眼前一定出現了之前的優秀上司。「應該是格局和胸懷吧，類似責任心的一種東西，卻又完全不同。對於好的管理者而言，他們看重的是一個團隊的得失與整體的部署。」

「讓他們有這種格局和胸懷的原因是什麼呢？」

「使命感。」麗萍恍然大悟，脫口而出道：「是的，是使命感。有使命感的人，不會計較一時一事的得失，會很智慧地有所放棄，也會善於發現和鼓勵每個人的優勢。」

「對於你來說，使命感意味著什麼？」

「這是我之前並沒有太著墨思考的話題。我之前只是想著怎麼把事情做好。即便是帶團隊，我也在想，是不是需要提升管理能力、調整管理策略。為此，在業餘時間，我參加了很多學習課程，但就

是覺得沒找到關鍵點，所以就會很累。或許也是這個原因，才讓我有了倦怠感吧。」麗萍的思考越來越深入了。

「有了使命感，就抓住了關鍵。或許反過來，一件件事情累積起來，也更容易找到使命感。你現在怎麼看呢？」

「**我準備找找使命感，就像找一把鑰匙。**或許，使命感也是分層的，家國情懷是使命感，行業發展是使命感，企業興衰是使命感，一個團隊的發展也是使命感。我得從距離我最近的使命感開始。」

「說不定你會發現，你的責任心和使命感是相通的呢。」我補充道。

麗萍點了點頭。「還真的是。我明白了，從這個角度看，我不需要與過去割裂，不需要重新開始。過去做出的成績仍然都是我的優勢，我需要提升到一名『管理者』的視野來看問題，這樣我的價值就數倍地放大了。」

「你是可以選擇的，既可以選擇做一名戰士，也可以選擇做一位將軍。但不管哪一種角色，都是依靠一個系統來實現自我價值的。一個人價值的實現，就是在他自己的角色位置上，充分發揮作用。」

這段話讓麗萍放鬆了很多。

「這麼看來，我之前覺得心很累，是因為還在用戰士的心態來看自己的能力不足，就覺得自己沒有了價值，被困在那裡，才想到要去追尋自由，尋找工作的意義。」

我準備結束諮詢了。「那麼，你現在準備怎麼做？」

「就像你說的，我是可以選擇的。我願意花時間找找自己的位置、自己的使命感。如果真是不行，我還是可以退回去，做一個戰士。」

「那可能就是兵中之將了。」

❀ ❀ ❀

　　半年之後，在一場商學院的活動中，我看到了麗萍。她利用業餘時間來上一門課。她專程過來和我打招呼，「趙老師，鑰匙找到了，門都打開了。」我們倆會心一笑。

　　身處黑暗時，我們不需要一個明確的答案，只需要一束光，來照亮前行的路。

　　光，在我們自己心裡。

【轉角看見】

職場上，有些人是戰士型的，執行能力強，衝鋒陷陣，使命必達。戰士型的人很容易遇到的職涯瓶頸是：一旦缺乏明確的方向感和歸屬感，就會陷入迷惘的倦怠之中。此時，不是為自己找一個方向，就是要幫自己找一位引路人，再不然，就把自己升級為將軍。

當我們尋找工作的意義或者自我的價值時，要多考慮考慮自己的「獨特性」：工作方式的獨特性，能力優勢的獨特性，環境的獨特性……甚至是藏在失敗、挫折裡的獨特性。找到它們，那個獨屬於你自己的價值意義就找到了。

「很不錯先生」的內在自我

> 當我們總說「不喜歡」的時候，不妨問問自己：「我喜歡什麼？」
> 如果不知道，就給自己時間去探索、去體驗、去嘗試。

　　諮詢的時候，我經常會遇到這類的人：他們不知道自己想要什麼，只知道自己不喜歡什麼。在社會洪流的推動之下，他們漫無目的地活著，內心像是被掏空了一樣。有的時候，他們也很忙碌，但靜下來時，感覺自己像是鑽進旋轉籠子的倉鼠，只是在疲於奔命，即便能力再強，也像是為別人活著。他們說不清楚自己糟糕的狀態到底屬於什麼情緒，說是焦慮，好像並沒有什麼壓力，說是迷茫，似乎又有著做不完的事情。他們想讓自己快樂一點，卻對什麼事情都提不起興趣，一旦閒下來，就不知道該如何打發時間。

　　在我看來，他們其實都缺乏一種意識：「自我」的意識。他們的自我像是被壓扁了一樣，沒有色彩、沒有內容、沒有滋味，生活裡填充的都是「別人的要求」。於是在別人看來，他們「很不錯」。

　　劉欣就是這樣一位「很不錯」的來訪者。來找我諮詢的時候，他

剛剛辭去了一份在別人看來「很不錯」的工作。

劉欣在國有企業工作。二十六歲的他，成長過程中都是被「好學生」、「好孩子」一路誇過來的，從來也沒有做過什麼踰矩的事情。大學念化工系，畢業就進了本科系的行業，在一家大型國企做技術員，收入也還可以。這樣一份令親戚、朋友羨慕的工作，劉欣自己卻怎麼也不喜歡。他說，每天都做著重複的繁瑣事情，人多事少，工作環境壓抑，感受不到活力，沒有熱情，還得學會處理複雜的人際關係，要學會看主管臉色。這讓他感到上班很痛苦，才工作兩年，就感覺「像是老了十歲，心力交瘁」。

來諮詢，劉欣就是希望看看在辭職之後，還可以做些什麼。這個問題，連他自己都毫無頭緒，無從下手。他說，目前的狀況比辭職前更糟糕。原以為辭職就能放鬆，不用再考慮讓人心煩的人際關係了。可是閒下來之後，頭兩天可以安穩地休息，一週以後，就感覺百無聊賴。

同時，另外的焦慮也來了：因為情緒不佳，和女朋友也分手了。

「她是個好女孩，一直都很支持我。是我不好，最近又特別焦慮，老是發火，還是分開算了。」

父母那邊，因為沒住在一起，辭職的消息就沒有告訴他們。劉欣擔心，如果再找不到工作怎麼辦。

「他們不會關心我是不是開心，只會關注工作穩不穩定。在他們看來，我就是吃不了苦。如果辛苦工作，賺了錢、買了房、買了車、結婚生孩子，他們就開心了，但那並不是我想要的生活！」

聽到這裡，我問道：「那你想要什麼樣的生活？」

「我想要自由的生活！」說完，劉欣自己就停住了，過了一會兒，又說：「我想做我喜歡的事情。」

「那你又喜歡做什麼呢？」

「我喜歡的事情太多了，彈鋼琴、英語口說、公眾演講、主持人……」列舉一些之後，他反而不說了，面露絕望之色，「這些興趣有什麼用呢？是不是都沒辦法作為職業啊？」眼神裡，他分明是在向我求助。

我的腦海裡立刻浮現出這樣一個畫面：一個渾身被繩索捆綁的人，驚恐地從一間黑屋子裡跑出來，跑到院子裡，再跑到路口處，卻忽然迷路了。「我要去哪裡啊？」這時，耳邊響起一群人追來的聲音：「快回來，別跑！」

劉欣的焦慮，可想而知。

他的擔心也不無道理。很多人認為，興趣畢竟是興趣，而且有些興趣被視為「不務正業」，頂多算是正經事情之外的一種調劑、休閒。「這能做成大事嗎？」「這可不穩定哦。」

劉欣此時的糾結非常清晰。一方面，希望能夠滿足「別人的」期待，做與專業一致、穩定、務實的工作。這是他所處的社會體系的要求，如果不滿足這樣的要求，他就會感到有壓力。另一方面，如果滿足了「別人的」期待，自己又會不開心，他想做自己喜歡的事情。他想說服別人，也想說服自己：喜歡的事情是有前途的。

於是，他就在這兩者之間奔跑。鬱悶了、不開心了，就折返回來；

辭職了、待業了，又會出現新的焦慮。

這就像兩個小人在打架，一個是在社會價值觀影響下的「傀儡自我」，一個是「真實內心的自我」。一直以來，傀儡自我總是占據著舞臺，真實自我總被打敗。即便有一天，真實自我獨自站在舞臺上，因為內心孱弱，他也會站在臺上不知所措。

「我來講個故事吧。」人們都喜歡聽故事，我來編一個。

有一對兄弟，因為家裡的經濟狀況不好，哥哥早早就開始工作養家，有了收入之後，拿出來供養弟弟上學讀書。兄弟倆都知道，只有讀了書，見了世面，有了可以在社會上交換的籌碼，才能過好日子。

有這麼幾種結果：最好的結果是，弟弟念書念得很好，長大了，賺了錢，對哥哥很感恩，幫助哥哥，家庭和睦。另外一種結果，弟弟無心學習，或者哥哥把弟弟叫回家一起工作，總之，弟弟沒有完成學業，兄弟倆都在打工，日子一直都是勉勉強強。還有一種結果，弟弟在讀書的時候就對哥哥很嫌棄，覺得自己了不起，不感恩自己的學費是哥哥辛苦賺來的。看到弟弟這樣子，哥哥也沒了動力，結果弟弟書沒讀好，兩個人的生活也沒有改變。

聽完故事，劉欣的表情有點茫然，似乎在問我：「這和我有什麼關係？」

我對劉欣說：「有沒有想過，這個故事裡的兄弟倆就是你目前的職涯狀況。你原本的工作，能養活你，就像是故事裡的大哥；你有興趣、愛好，並且期待作為自己的職業，有所發展，但是目前卻不

能以此謀生，就像是故事裡的小弟。如果你的興趣還不具備足夠的能力，又不喜歡現在的工作，那就像是最後一種情況：小弟嫌棄大哥，最後誰都沒有過到好日子。和故事裡的情況一樣，你現在也有三個選項。」

我繼續列舉跟他說明——

第一，你有足夠的儲備，能養家糊口，那就努力支持小弟發展，讓自己的興趣成為職業。這也是把自己喜歡的事情做成職業的最短路徑。

第二，你沒有足夠的儲備，這個儲備不僅僅包括經濟儲備，還要能頂得住周圍的壓力，那就得委屈大哥賺錢養活小弟。也就是說，你得先找一份「穩定可靠、做得來的」工作，用業餘時間發展興趣，在將來，實現轉換。

第三，降低生活成本，做喜歡的事情，從簡單的工作開始；同時，努力提升相關的能力，為了更好的發展做準備。就像是讓小弟半工半讀。

「你會怎麼選呢？」

「其實，我有點糾結。」從他緊皺的眉頭看得出來，此時他內心洶湧澎湃。「我不知道選擇之後會怎麼樣，興趣真的能發展起來嗎——就像是小弟讀書能讀出頭嗎？一邊做自己喜歡的事，一邊提升自己的方式行不行得通——就像是小弟半工半讀，吃得消嗎？還有，如果找了一份穩定的工作，會不會影響興趣的發展——就像是大哥

會不會干擾小弟發展？」

我知道，此時的劉欣已經向前走了一步，他說出了關鍵問題，就說明已經在為「自我」尋找出路了。我拿出一張白紙，「那我們就來評估一下可能性吧。」

我把白紙對摺，一邊寫上：**一份工作中，我最受不了的因素是……**另一邊寫上：**一份工作中，我最希望出現的因素是……**

然後，讓劉欣填寫，分別打分數、排順序。在「最受不了的因素」中，按照難以接受的程度排序；在「最希望出現的因素」中，按照期待的程度排序。

「那麼現在，你寫一寫可能想得到的所有職業選項。」我又遞給劉欣一張白紙，「直著寫下來，每個選項單獨一行。」

等他寫完，我在職業選項的最上面一行寫下他剛才列舉的各類因素，告訴他：「來，對應每個職業選項，如果有相關的因素，不管是難以接受的，還是希望出現的，都打勾。」

等他寫完了，我問他：「你有什麼發現嗎？」

劉欣說：「我忽然發現，對於之前的那份工作似乎也沒有那麼討厭了。撇除人際關係問題，其實也還是有我喜歡的地方。更何況，結合其他的選項一起來看，我還能看到彼此之間的關係，這樣就會對其中的一些選項更加容易接受了。」

「嗯，還有什麼呢？」

「選項太少了。還有什麼選項適合我嗎？」他像是在問自己。

「選項少，是因為你之前並沒有發展過。比如，你有沒有對興趣做過拓展？比如，對於興趣可以形成的職業，有沒有進行過探索？在我看來，這也是你糾結的根本原因：因為沒得選，所以才會糾結。而沒得選，正是因為你沒有發展過。就像是前面故事裡的小弟，如果才剛剛上小學，就讓他出去打工，也做不了什麼。這個過程，急不得的。」

道理很簡單，但此時我再講，劉欣就像是忽然明白了。

「那我們看看該如何培養小弟吧！」

接下來，我提供了幾個思路。

· 第一，透過別人的眼睛，來喚醒自己的信心。

比如，可以在社交媒體上求評論，請大家說說他們眼中的你有什麼優勢、特點。再比如，一對一地找一些你覺得有智慧又瞭解你的朋友，來說說你的最大優勢。

這麼做的目的，是幫助你恢復信心。你現在辭職在家，失去了一個可以依賴的系統，還沒有找到新的工作，很容易對自己失去信心。一個人陷入谷底的時候，視野往往容易受限，會消極、悲觀地看待自己，對以往的興趣、優勢與可能性視而不見。他人的評價至少可以暫時幫你站穩腳步。

· 第二，透過自己的嘗試，累積實現夢想的能力。

可以專門準備一本「夢想筆記本」，把你平時能夠想得到的小夢想都記下來，盡量詳細和具體。然後一有機會，就為夢想做準備；

實現了一個，就在一個夢想上打勾。慢慢地，你就會因為一個個夢想的實現，而對自己有了更多認識，也就更容易大膽地說「我喜歡什麼」，那是因為你嘗試過什麼；也更容易大膽地說「我能做什麼」，那是因為你做成過什麼。在這個過程中，你的「自我意識」就慢慢建立起來了。

・第三，打敗心中的惡魔。

在內心不太堅定的時候，心中一定會有各種懷疑像惡魔一樣出現，它們會說：「這個夠務實嗎？你不會是在做夢吧？你好像沒有什麼優勢啊！要顧及別人的想法。這樣的風險太大了，不值得……」稍有不慎，你試圖建立起來的那個「自我」就會被打擊、重扁，甚至一蹶不振。

尋找自我、認可自我、培養自我，這是一個看似理所當然，卻並不容易的過程。要經過幾輪的搖搖晃晃才能站得起來。甚至在這個過程中，有人會替自己找一個合理化的藉口──「我也努力過，只是不成功」，然後就此作罷了。

「是啊，趙老師考慮得周到。我也有類似的擔心，擔心自己的意志不堅定。」劉欣說道。

我告訴他一個排除干擾的方法，還是拿出一張白紙，還是對摺，先在一邊寫上：**你對自己的批判**，也就是那些「內心惡魔」的聲音；然後在另一邊寫上：**你的自我應對**。

我說道：「這樣會有兩個結果：戰勝了惡魔，那就大膽去做；或

是無解，找不到可以降低風險的方法，自己也很難接受冒險的後果，那就重新對自己進行評估——自己目前的能力資源如何、可以承受的風險如何，還有什麼可能性，是自己可以在能力範圍內進行嘗試的。」

這樣的梳理明明白白，而不是任憑一些無緣無故的擔心成為噪聲干擾自己。我告訴劉欣：「**真實的自我並不是任性地為所欲為，也不是對自我的無限放大，而是要在社會規則和框架下，獲得內心的最大價值。**」

所謂夢想，並不是激勵他人用的，而是自我的一部分。心靈雞湯裡講到的「勇氣」、「信心」、「堅持」，都是夢想實踐過程中必然產生的。當一個人期待「自我」長大的時候，夢想一定會產生。渴望自我實現的動力就會讓你產生勇氣。在一次次靠近內心的時候，信心就會讓自己出現「堅持」的結果。

有些人之所以找不到「自我」，那是因為從來沒有支持過自己的夢想。缺的課，遲早要補上。劉欣的諮詢做完了，而他的自我探尋之路才剛剛開始。

❀ ❀ ❀

兩個月之後，我收到劉欣的一封郵件。他告訴我，已經重新找到了一份與原本專業相關的工作，雖然看起來沒有原先的那麼「穩定」，但是報酬還不錯，工作環境也是自己喜歡的。

他說，他在嘗試著做自媒體，摸索一種「藝術人生」的活法，然後分享給更多的人。可能這樣的活法「不能當飯吃」，但是這就是屬於自己的一部分。

【轉角看見】

在迷惘和焦慮的時候，你以為自己是在和周圍的環境、傳統、圈子抗爭，其實你是在和自己抗爭。

找不到自我，就不知道該如何堅定；不知道喜歡什麼，就不知道該如何付出。此時的迷惘是找不到自我的迷茫，此時的焦慮是急於安心的焦慮。

當我們總說「不喜歡」的時候，不妨問問自己：「我喜歡什麼？」如果不知道，就給自己時間去探索、去體驗、去嘗試，允許「自我」在體驗、嘗試、追尋中成長起來。因為這可能就是自己在成長路上缺失的功課，除了自己，沒有人能幫你補上。

只要你不放棄追求夢想，夢想就不會放棄你。

一隻想要改變命運的蝸牛

> 信心源自於現實，源自你的狀態，
> 源自你一點點做出來的成績。

　　我的公益諮詢只開放給一時貧弱，又希望透過自己的努力來改變命運的人。小婧在一開始是付費來做諮詢的。

　　看小婧的資料表時，我有一些疑惑。

　　一方面，她正在參加各種課程：英語、日語、形象設計、財富、創業。這些課程每一門都價格不菲，有一堂最貴的課，學費竟然高達二十萬元。我想，她該是經濟很寬裕吧？會不會是希望透過諮詢來確定未來的方向呢？

　　另一方面，小婧過去的職業背景顯示，她的經歷都是一些非常普通的職員生活，美容美髮、超市收銀、餐廳服務員、電話行銷，收入應該也都不高。她已經工作六年，目前是待業狀態。這樣的經濟狀況，怎麼會上那麼貴的課呢？難道是家境殷實？可是，在資料表裡，我看到的家庭背景是：**從農村出來工作，母親寡居**。

　　帶著這樣的疑惑，我決定在諮詢的時候先瞭解這個情況。有那麼

一刻，我甚至擔心小婧的安全。我很直接地問：「小婧，我看到你參加了很多課程，你的收入可以支撐這些學費嗎？」

小婧並無半點隱瞞，淡然地回答：「刷的信用卡，以後慢慢還吧。」

竟然是這樣！

我這才認真地打量起眼前這個二十歲出頭的女孩：頭髮沒有梳理，亂亂地散著，好像也沒有化妝，容貌似乎並沒有認真打理。身材微胖，衣服很不合身地裹在身上。她身體前傾地伏在桌子上，一對鏡片後面的眼神是明亮的，好像隨時準備衝鋒。

「那些課程對你很重要嗎？」我還是好奇，一個收入並不高的職員，為什麼要刷信用卡去參加那麼多培訓。雖然提了一個封閉式問題，但是問題間，透著質疑。

「重要。」小婧的回答很乾脆，「我想變得更好，也不知道有什麼更好的方法。我聽人說，要投資自己，就得多學習。」

「想要變得更好。」這個回答裡有故事，我更好奇了，「那就說說你對於自己的期待：如果可以變得更好，你期待自己變成什麼樣子？」

「我想有一份自己的事業，可以充分發揮自己的能力，賺更多的錢，過好日子，不再為金錢發愁。」

聽了小婧的話，我不知該如何接下去，既欽佩，又心疼，還有些不能理解。一時間，五味雜陳。一個生活有點窘迫的人，對未來充滿期待，同時還想擁有「自己的事業」，內心該是非常強大的吧！

看我沒說話，小婧繼續講：「老師，我和你說說我的經歷吧，資料表上沒有寫的。」

我點點頭，或許過去的經歷中，就藏著內心強大的原因。

小婧出生在農村，因為是女孩，從小被家庭忽略。後來，父母離婚，媽媽出去打工。小婧高中沒上完就休學了，再後來就是自己出去打工，賺的錢有一些寄給媽媽，有一些就用來參加各種學習課程。

小婧的狀況，讓我忽然想到了蝸牛，背著一個重重的殼，在緩慢地爬行。生存的壓力，對小婧來說就像那個重重的殼，而她還在努力前行。在蝸牛身後，留下一道淺淺的白色痕跡，就像是嘔心瀝血地用生命書寫的軌跡。對於小婧來說，她的殼太重了。令我意外的是，在她看來，種種背負都是為了——改變命運，不做蝸牛。

「生活確實很辛苦，有時候感覺身心交瘁，甚至絕望。但我想，我不應該如此。我自己也鼓勵過別人，要努力，要敢於花明天的錢，才能賺到今天的錢。所以，我才報名參加各種課程的。我沒什麼學歷，又沒有什麼技術，要怎麼樣才能改變命運呢？」小婧有點糾結。

我想，努力是對的，冒險也沒什麼錯，但最後形成的單一思維，肯定是小婧「成功學」學多了，有些話好熟悉啊：努力就能成功，花錢才能賺錢。彷彿所有的貧窮都是自己的錯，自己沒有眼光、沒有魄力、不夠努力。然後打開一條「光明大道」，蠱惑著人們如飛蛾撲火般裸奔而去。

果然，小婧告訴我，她曾經做過一門課程的電話行銷，就是用打電話的方式，邀約人們聽課，然後進行會議推廣，包括以財富、創業、內在成長為主題，邀約一些中小企業家來聽課，接著繼續賣課，

有幾萬、幾十萬的。有些成功學走的就是這個路子，而那些授課的講師都是被各種虛假包裝之後上場的，他們唯一的「成功」，就是從上課學員的皮包裡掏錢。

「那你現在怎麼看？」

「我有些迷惘，又很糾結。」小婧說：「我覺得他們說的那種生活就是我想要的。我想要美好的生活，但是又覺得沒有什麼能力賺錢，學來學去，似乎也沒有學到什麼拿得出手、可以賺錢的本領。所以，越學越迷惘。我也不知道學完之後該怎麼辦，所以才來諮詢。老師，你說，我是不是注定是一個窮人啊？」

看來，持續地花錢，讓本就不富裕的小婧陷入了一個更深的「大洞」——連信心都沒有了。

諮詢中少有的，我給出明確的建議：「你回去以後，就把之前報名的課程能退掉的都退掉吧。包括我們現在這次諮詢，我可以為你做免費的公益諮詢。已經繳了的諮詢費，你也去找助理退款。」

小婧一臉驚訝，我解釋道：「你現在並不適合上這些課。它們並不能有效地幫到你，你也不具備鑑別課程的能力。相反地，刷信用卡導致的負債反倒會讓你更加痛苦。」

小婧有感受地點點頭，直了直身子，像是忽然輕鬆了一些。

「你不是學過美容美髮嗎？回去把自己裝扮一下，讓自己容光煥發，狀態會不一樣的。」小婧的狀態，讓人感到她是自卑的。如花的年華，需要綻放。我看到，小婧的眉宇間舒展了不少，就繼續講：「你得對自己有信心。**信心可不是振臂一呼的口號，也不是天天幫**

自己打打氣就能有的。信心源自於現實，源自你的狀態，源自你一點點做出來的成績。 你背了一身債無力償還，看不到曙光，而把命運寄託在一次次培訓上，這種狀態的人是不可能有信心的，只會讓你最終選擇鋌而走險。」

「老師，你鬆開了我心上的一顆大石頭。我一直以來總覺得不對，但是就在想，是不是因為我學歷不高，努力得還不夠？看來，還是選擇得不對。」小婧平靜了下來。

「你對自己未來的生活有什麼想法嗎？我們一起來分析分析。」把小婧拉出洞之後，我決定和她繼續探討未來。

「我想過很多種可能，開美容院、開餐館、做服裝生意，就是不知道自己能不能做得來。我這個人不太會和人打交道。因為這個特點，曾經也有人建議我去做事務性工作，應徵大企業或外商公司，或者將來做研發。」

從事研發肯定不是她現階段要考慮的一個選項。真不知道是什麼人幫忙出的主意。小婧說自己不擅長和人打交道，這人竟然要她去做研發。做選擇要考慮現實，還得兼顧企業要求和自己的資源，找到可行的選項，再做選擇，不能憑空想像，靠「理論可能性」。

「你是怎麼看這些可能性的呢？」

「哪條路都不容易吧，我的起點低，會比別人更難。但我願意嘗試，去改變命運。」小婧的回答讓我肅然起敬，眼前又出現那隻緩慢前行的蝸牛。

茫茫人海裡，總有一些人是選擇自我放棄的，鎮日工作只為混個

衣食富足，忍受著無意義的工作而不做任何掙扎。**芸芸眾生中，又總會有些人百折不撓地追尋著生命的意義，即便起點低，即便資源少，也想要創造自己的生命奇蹟。**小婧就屬於後者。我也明白她為什麼來找我諮詢了。

「在社會上，一個人想要發展，想要讓自己有價值，就得先為別人帶來價值。」我開始和小婧分析生涯發展邏輯的本質，「你最好從已經掌握的技能、可以提供的服務、可以做的事情出發，邊做邊累積。逐漸累積金錢和經驗，這可以讓你過更從容的生活，也可以把金錢和經驗變成資源，支持下一步發展。同時，還要提升自己。針對你最想做又能做得來的事情，為自己制訂一個可行的目標，需要跳起來才搆得著的那種，為未來做好準備。」

各行各業都有傑出人才，想要獲得發展的關鍵是，先要擺脫在生存線上掙扎的徘徊，那麼就得跳出能力不足、收入僅僅滿足溫飽的狀態。想做到這一點，經驗、資金、規模、平臺、服務對象、產品形態，都是可以考慮的突破點。

「那我還是從事美容業吧，之前也做過這個領域，還專門參加了培訓。」

原來，小婧還有一個開美容院的夢想。現在，她準備先去美容院求職，把自己的美容技術重新拾回，同時找機會學習深造，不僅學習技術，也瞭解如何做管理。累積兩三年，再找機會創業，自己獨立開一家美容院。這是一個務實的計劃。

「老師，我還有一個想法，不知道對不對。」說到這裡，小婧有

些羞澀。

「別擔心，講出來聽聽。」

「我，我還想讀書。」她有些怯怯地說。

「好啊，這是好事。這是你的夢想。夢想不需要別人評價對不對，只需要自己努力去實踐它。我們再來制訂一個學習計劃吧。」

小婧喜歡外語，自己平時也參加一些培訓課程，跟著一些平臺學習，有時候還參與一些社群打卡。她還有一個夢想，希望有一天能回到校園裡上大學。我們一起制訂了參加自學考試的計劃，她把「英語翻譯」作為自己未來想要讀的科系。她說，經常在讀一些英文的詩句，覺得特別美，如果能在不同語言之間建立起一座橋梁，她就可以自由地穿梭在不同語言的國度了。

聽著她暢談未來，我感到特別美好。

「你對命運的不遷就，源於你的夢想。你對命運的不妥協，源於你的熱愛。現實中，或許困難重重，遇到挫折的時候、真是有難以逾越的關卡了，別著急，可以退回來再看看，也可以迂迴前進。記得，只有基於現實的夢想，才會實現。」

小婧重重地點了點頭。

諮詢結束了，我望向窗外，忽然想起小時候，伏在書桌前做作業，偶爾抬頭看向窗外，看看對面山牆上綠油油的植物爬山虎，看見蝸牛。我寫會兒作業再抬頭看的時候，牠們已經爬到了高處。牠們慢，卻不停歇。碰到了枝蔓，遇到了別的昆蟲，受到了好奇孩子的騷擾，蝸牛會把身體縮回去，危機解除，又探出頭來繼續爬。如果一直盯

著看，免不了替牠們著急，但牠們向上爬動的樣子，似乎怡然自樂。

在晴朗的日子，順著蝸牛的觸角向上望去，會看到牽繞著的藤蔓，看到斑駁的牆壁，還有從縫隙裡灑下來的陽光。

❋ ❋ ❋

有一天，我收到小婧傳來的照片，那是一張准考證和一份成績單。

【轉角看見】

每個人都有不同的背景、資源，很多因素在一出生的時候就決定了。有些人沒有學歷、沒有人脈、沒有機會、沒有金錢，甚至除了體力，就再沒有可以謀生的手段了。

但夢想會青睞其中的一些人，讓一些人有動力，不服輸，想要改變命運。其實，這正是他們最珍貴的資源。堅強、勇敢、堅毅、自信，這些品質不因財富、身分、地位而有什麼不同。

追尋夢想的道路也沒什麼不同：基於資源，向前挪動一步，累積資源，再向前挪動一步；主動拓展，關注為別人帶來的價值，不存幻想，遵循基本的人生法則──誰都可以改變命運！

自助小工具

★★讓夢想落實

這段過程，是一個尋找夢想的過程，也是一個讓夢想落實的過程。

特別感興趣的事	寫下所有你感興趣的事。
喜歡的原因	寫出你喜歡這件事的原因。在這個過程中，你會發現，有些只是喜歡，有些可以繼續發展。
為此做過些什麼	一個不去開始的夢想，還只是幻想。一份沒有付出的熱愛，不是真正的熱愛。 梳理你為喜歡的事情做過些什麼，由此就可以篩選出現在可以「真正開始的夢想」了。
計劃要做的事	為了夢想，你計劃做些什麼呢？ 只有可以寫出計劃、願意實際去做的，才是真夢想。

★★職業選擇的考量

透過對每一個選項進行檢視、打勾，更加確立自己內心的想法。

選項	最受不了的因素①	最受不了的因素②	……	最希望出現的因素①	最希望出現的因素②	……
選項 1						
選項 2						
選項 3						

人生轉角，感恩遇見

有人問我：「你做諮詢師，有沒有過無力感，那種無法幫助別人的無力感？」

我回答：「有過，而且很深刻。那樣的經歷也是我成為資深諮詢師的原因。」

有人問我：「你已經寫了好幾本書，有沒有因為寫作太辛苦而想要放棄？」

我回答：「這樣的感覺經常出現，但這正是我要繼續寫下去的原因。正確的事情做起來都不容易。」

有人問我：「不管是寫作還是諮詢，你會不會因為別人對你的評價不好，而失落，甚至憤怒？」

我回答：「當然會，只是近些年越來越少出現了，因為我在這個過程中獲得了持續的成長。」

助人者的工作，有一個宿命——不管內心有多強大、經驗有多豐

富，都可能會遇到能力的邊界。於是，在觸碰到邊界之後感受到的那種無力感，就會幻化為挫敗後的沮喪和憤怒。

而有時候，這樣的無力感會轉為對於成長的渴望；有時候，這樣的無力感會轉為對於自己的接納。如果不是這樣，助人者就難以自我救贖。

王爾德說過，經驗是每個人為自己的錯誤取的名字。

多年過去，我累積了很多這樣以「經驗」為名的錯誤，也因此獲得了巨大的成長。而成長也正是助人者工作的最大回饋。這需要助人者對自己有所覺察，覺察到諮詢中的任何一次情緒變化，提醒自己可以在哪些方面有所提升。這樣的覺察，讓助人者對成長保持開放。

成長的回饋加上助人成就感，吸引著助人者堅持不輟，持續工作，即便總會有無力感，即便不斷挑戰著能力邊界，即便明知這是一種宿命。

做諮詢辛苦，寫作更辛苦。然而，當完成一次次諮詢，看到客戶喜極而泣，豁然開朗，信心滿滿的時候，我的內心就會像花一樣盛開。當寫完一本書，想像著讀者因為一句話而醒悟，因為一個故事而深思，因為一個方法而有所發現的時候，之前寫作的所有艱辛都會化為動力，支持我準備下一本書。

雖然這本書的寫作依然艱難，但當我完成寫作，把這本書交給編輯的時候，感覺還是很滿意的。因為這是一本可以在別人的故事裡讀懂自己的書，也是一本可以在愉快和輕鬆的閱讀中，領悟生涯智慧的書。

　　如果你正處於人生轉角，有糾結、有迷惘、有困頓，可以為自己翻開這本書，像是沏了一杯茶，或是沖了一杯咖啡，品讀苦澀的同時，品味出有層次的內涵。

　　如果你希望送朋友一份禮物，可以選擇這本書。即便朋友只是偶爾翻翻，說不定讀到哪句話，就會像是與智者的偶遇、知己的相逢，一語道破內心陰霾。也許哪一天因此收到朋友的感謝，不必驚訝，可以藉機打開話匣子，和朋友多聊聊，建立更深的連結。

　　即便是在書店裡，偶爾看到這本書，拿出來，打開，倚靠著書架瀏覽一下，都可能有驚喜。是啊，這些故事裡，一定有你的影子。

　　特別感謝那些曾經找我諮詢的來訪者，是你們的故事，讓我在寫作的時候有了源源不斷的素材。感謝我曾經培訓和督導過的諮詢師，培訓的過程，讓我有機會對生涯困惑有了系統化的梳理，而督導讓我對諮詢過程有了超出個人的更多體驗。感謝那些幫助我的師友，你們鼓勵我、指點我、支持我，讓我能夠在這條路上持續走下去。感謝我的家人，你們是我力量的源泉。

　　人生轉角，感恩遇見。

趙昂

2022年4月

國家圖書館預行編目資料

每一次職涯瓶頸都是轉機：資深生涯諮詢師帶你
跳脫外在困局，清除自我苛責，重寫人生劇本/趙
昂著. -- 初版. -- 臺北市：寶瓶文化事業股份有限公
司，2023.05　　面；　公分. -- (Vision；238)
ISBN 978-986-406-341-3(平裝)
1.CST: 生涯規劃 2.CST: 職場成功法

192.1　　　　　　　　　　　　　　　112000908

Vision 238

每一次職涯瓶頸都是轉機
——資深生涯諮詢師帶你跳脫外在困局，
　清除自我苛責，重寫人生劇本

作者／趙昂（資深生涯諮詢師‧生涯諮詢師培訓、督導）

發行人／張寶琴
社長兼總編輯／朱亞君
副總編輯／張純玲
資深編輯／丁慧瑋　編輯／林婕伃
美術主編／林慧雯
校對／丁慧瑋‧陳佩伶‧劉素芬
營銷部主任／林歆婕　業務專員／林裕翔　企劃專員／李祉萱
財務／莊玉萍
出版者／寶瓶文化事業股份有限公司
地址／台北市110信義區基隆路一段180號8樓
電話／(02)27494988　傳真／(02)27495072
郵政劃撥／19446403　寶瓶文化事業股份有限公司
印刷廠／世和印製企業有限公司
總經銷／大和書報圖書股份有限公司　電話／(02)89902588
地址／新北市新莊區五工五路2號　傳真／(02)22997900
E-mail／aquarius@udngroup.com
版權所有‧翻印必究
法律顧問／理律法律事務所陳長文律師、蔣大中律師
如有破損或裝訂錯誤，請寄回本公司更換
著作完成日期／二○二二年七月
初版一刷日期／二○二三年五月
初版二刷日期／二○二三年五月三十日
ISBN／978-986-406-341-3
定價／三五○元

本書通過四川文智立心傳媒有限公司代理，經機械工業出版社有限公司授權，
同意由寶瓶文化事業股份有限公司出版發行中文繁體字版本。非經書面同意，
不得以任何形式任意重製、轉載。
Copyright©China Machine Press Co.,Ltd. 2023
Published by Aquarius Publishing Co., Ltd.
All Rights Reserved. Printed in Taiwan.

AQUARIUS

愛書人卡

感謝您熱心的為我們填寫，
對您的意見，我們會認真的加以參考，
希望寶瓶文化推出的每一本書，都能得到您的肯定與永遠的支持。

系列：Vision 238　書名：每一次職涯瓶頸都是轉機
　　　　　　——資深生涯諮詢師帶你跳脫外在困局，清除自我苛責，重寫人生劇本

1.姓名：＿＿＿＿＿＿＿＿＿　性別：□男　□女

2.生日：＿＿＿年＿＿＿月＿＿＿日

3.教育程度：□大學以上　□大學　□專科　□高中、高職　□高中職以下

4.職業：＿＿＿＿＿＿＿＿＿

5.聯絡地址：＿＿＿＿＿＿＿＿＿＿＿＿＿＿＿＿＿＿＿＿＿＿＿＿

　聯絡電話：＿＿＿＿＿＿＿＿＿　手機：＿＿＿＿＿＿＿＿＿＿

6.E-mail信箱：＿＿＿＿＿＿＿＿＿＿＿＿＿＿＿＿＿＿＿＿

　　　　　□同意　□不同意　免費獲得寶瓶文化叢書訊息

7.購買日期：＿＿＿ 年 ＿＿＿ 月 ＿＿＿日

8.您得知本書的管道：□報紙／雜誌　□電視／電台　□親友介紹　□逛書店　□網路

□傳單／海報　□廣告　□瓶中電子報　□其他

9.您在哪裡買到本書：□書店，店名＿＿＿＿＿＿　□劃撥　□現場活動　□贈書

　□網路購書，網站名稱：＿＿＿＿＿＿＿　□其他＿＿＿＿＿＿

10.對本書的建議：（請填代號　1.滿意　2.尚可　3.再改進，請提供意見）

　內容：＿＿＿＿＿＿＿＿＿＿＿＿＿＿＿＿

　封面：＿＿＿＿＿＿＿＿＿＿＿＿＿＿＿＿

　編排：＿＿＿＿＿＿＿＿＿＿＿＿＿＿＿＿

　其他：＿＿＿＿＿＿＿＿＿＿＿＿＿＿＿＿

　綜合意見：＿＿＿＿＿＿＿＿＿＿＿＿＿＿＿＿＿＿＿＿＿＿＿＿

11.希望我們未來出版哪一類的書籍：＿＿＿＿＿＿＿＿＿＿＿＿＿＿＿＿

讓文字與書寫的聲音大鳴大放

寶瓶文化事業股份有限公司